AF531851

MANA

Titel von Almut Irmscher in der Reise-Lesebuch-Reihe:

Das **Island**-Lesebuch	(978-3-95503-127-5)
Das **Norwegen**-Lesebuch	(978-3-95503-130-5)
Das **Dänemark**-Lesebuch	(978-3-95503-133-6)
Das **Irland**-Lesebuch	(978-3-95503-136-7)
Das **Schottland**-Lesebuch	(978-3-95503-139-8)
Das **England**-Lesebuch	(978-3-95503-142-8)
Das **Portugal**-Lesebuch	(978-3-95503-146-6)
Das **Italien**-Lesebuch	(978-3-95503-149-7)
Das **Griechenland**-Lesebuch	(978-3-95503-152-7)
Das **Schweden**-Lesebuch	(978-3-95503-177-0)
Das **Kroatien**-Lesebuch	(978-3-95503-180-0)
Das **Toskana**-Lesebuch	(978-3-95503-183-1)
Das **Namibia**-Lesebuch	(978-3-95503-200-5)
Das **Spanien**-Lesebuch	(978-3-95503-209-8)
Das **Ostsee**-Lesebuch	(978-3-95503-212-8)
Das **Nordsee**-Lesebuch	(978-3-95503-215-9)
Das **Sardinien**-Lesebuch	(978-3-95503-231-9)

Titel von Gunhild Hexamer in der Reise-Lesebuch-Reihe:

Das **Kanada**-Lesebuch – Der Osten	(978-3-95503-186-2)
Das **Kanada**-Lesebuch – Der Westen	(978-3-95503-189-3)
Das **Kalifornien**-Lesebuch	(978-3-95503-203-6)
Das **USA**-Lesebuch	(978-3-95503-218-0)

Titel von Almut Irmscher in der City-Lesebuch-Reihe:

Das **Wien**-Lesebuch – Der Osten	(978-3-95503-234-0)
Das **Rom**-Lesebuch – Der Westen	(978-3-95503-237-1)
Das **Hamburg**-Lesebuch	(978-3-95503-240-1)
Das **Venedig**-Lesebuch	(978-3-95503-243-2)
Das **Amsterdam**-Lesebuch	(978-3-95503-252-4)

Bibliografische Information der Deutschen Nationalbibliothek
Die Deutsche Nationalbibliothek verzeichnet diese Publikation in der Deutschen Nationalbibliografie. Detaillierte bibliografische Daten sind im Internet unter http://dnb.dnb.de abrufbar.

Titelfoto und Bilder im Innenteil: Gunhild Hexamer
Umschlag, Satz und Layout: MANA-Verlag
Druck: Dardedze, Riga, EU
ISBN: 978-3-95503-254-8

Gunhild Hexamer

Das Florida-Lesebuch

Impressionen und Rezepte aus dem Sunshine State

Inhalt

Willkommen im Sunshine State

Warmes, mildes Sonnenlicht streichelt die Haut. Ein sanfter Wind schüttelt spielerisch die ausladenden Wedel der Palmen. Eben noch ist ein kurzer Regenschauer vom Himmel gekommen, nun haben sich die Wolken verzogen, und das Wasser perlt in glitzernden Tropfen von den Blättern der Bäume.

Wir sitzen an einem Picknicktisch auf der Insel Key Largo, trinken Fertig-Cappuccino aus den leichten Porzellanbechern, die in unserem Reisegepäck niemals fehlen dürfen, und essen Chocolate Chip Cookies dazu. Es ist wie ein Traum. Gestern erst, an einem nasskalten, grauen Februartag, sind wir mit dem Flieger in Frankfurt aufgebrochen, um zehn Stunden später in Miami zu landen. Bei sommerlichen Temperaturen, die den Beinamen Floridas, „Sunshine State", hell und freundlich unterstreichen.

Die sonnige Halbinsel im Südosten der USA zieht sie unwiderstehlich an, die frierenden Winterflüchter aus den nördlichen Bundesstaaten, aus Kanada und Nordeuropa. Wobei manche von ihnen kommen, um gleich für immer zu bleiben. Weg mit Schal, Mütze und Handschuhen, her mit Bikini und Badeshorts! Die „Snowbirds", wie man die Wintergäste nennt, haben die Wahl zwischen den feinsten Sandstränden, sowohl im Osten an der Atlantikküste als auch im Westen am Golf von Mexiko. Immer noch entstehen neue Unterkünfte, Golfplätze und Bootsanleger für diejenigen, die das Geld und die Zeit haben, unter südlicher Sonne das Leben zu genießen, während in der kalten Heimat mühevoll Schnee geschippt wird.

An diesem Morgen haben wir die Großstadt schon zeitig hinter uns gelassen und sind hinaus auf die Florida Keys gefahren, die Inselkette am südöstlichen Ende des Landes, die sich bogenförmig in das türkis schimmernde Meeresreich der Karibik zieht. Der U.S. Highway 1 endet in Key West, der bunten, lebendigen Stadt, wo die Menschen jeden Abend das farbenprächtige Schauspiel des Sonnenuntergangs feiern. In Gassen und Höfen picken geschäftige Hühner, und auf den sonnenbeschienenen Grabplatten des alten Friedhofs halten Grüne Leguane Siesta.

Von diesem charmanten Außenposten mit seinem unvergleichlichen Flair liegt Kuba nur noch knapp 100 Meilen entfernt, und so bildete Key West lange Zeit das Einfallstor für kubanische Einwanderer. Der Einfluss ihrer Kultur ist im Süden Floridas überall zu spüren, in Sprache und Musik und nicht zuletzt bei den kulinarischen Genüssen. Ich liebe den Café Cubano, heiß, stark und süß, wie ich ihn in Key West und Miami getrunken habe!

Miami, die Metropole mit ihren Wolkenkratzern, Miami Beach mit seinem Art-déco-Viertel und den weitläufigen Stränden – beide Städte mögen vielen Europäern vertraut vorkommen, auch wenn sie noch nie in Florida waren. Erinnern Sie sich noch an „Miami Vice“, die populäre Fernsehserie aus den achtziger Jahren? Gebannt schauten wir zu, wie die beiden coolen Undercover-Cops, immer perfekt gekleidet in pastellfarbenen Leinenanzügen, in schnellen Sportwagen durch die Stadt rasten, um Drogenhändler, Waffenschmuggler oder Geldwäscher zu jagen. Miami erschien uns als ein Sumpf des Verbrechens, faszinierend und Angst erregend zugleich.

Dass sich westlich der Stadt, nur einen Katzensprung entfernt, eine echte Sumpflandschaft ausbreitet, die berühmten Everglades, wussten nur die wenigsten Serienfans. Ein Teil dieses einzigartigen Naturparadieses ist als Nationalpark geschützt, eine üppige tropische Wildnis voller Leben. Vom Aussichtsturm im nördlichen Teil des Parks schweift unser Blick weit, weit über das tellerflache Land, wo sich der Himmel blauweiß in den flachen Tümpeln spiegelt, Alligatoren träge auf Grasinseln relaxen und die Reiher mit langen Schnäbeln ihre zappelnde Beute aus dem Wasser fischen.

Wild, ungezähmt und menschenleer, so stellte sich Florida in den Augen der weißen Amerikaner dar, nachdem die USA die Halbinsel 1821 von den spanischen Kolonialherren übernommen hatten. Eine irrige Vorstellung, blendete sie doch vollkommen aus, dass das Land schon seit Jahrtausenden von Ureinwohnern besiedelt war. Mit massiver Militärmacht, im Verlauf von drei grausamen Kriegen, wurden die Indianer vom Volk der Seminolen aus ihrer angestammten Heimat vertrieben. Weiße Siedler rückten nach, errichteten Dörfer und gestalteten die wasserreiche Landschaft nach ihren Bedürfnissen um.

Doch schon Jahrhunderte zuvor, im Jahr 1565, hatten die spanischen Eroberer in Florida eine Stadt gegründet, St. Augustine an der Ostküste des „Panhandle", der Region, wo der Bundesstaat sich nach Nordwesten hin erweitert. Das historische Viertel präsentiert sich wie eine europäische Altstadt, mit trutzigen Schutzmauern, einer Festung, dem Castillo de San Marcos, und niedrigen Steinhäusern, die sich an schmalen Gassen entlangreihen. Und wirkt dabei ein wenig zu perfekt, wie ein Themenpark aus der Disney-Werkstatt.

„St. Augustine ist die älteste durchgehend besiedelte Stadt in den Vereinigten Staaten", so betont man in Florida gerne, und das ist historisch korrekt. Pensacola am westlichen Ende des Panhandle entstand zwar schon sechs Jahre früher, gilt aber nicht als durchgehend bewohnt. Also hat St. Augustine die Nase vorn. In beiden Orten aber lebten lange Zeit kaum mehr als 2.000 Einwohner, und der Rest von Florida blieb bis weit ins 19. Jahrhundert hinein ein unbekanntes Terrain voller Gefahren.

Die neuen Siedler, die sich nun im Süden niederließen, nutzten die sonnenverwöhnte Region weitflächig für die Landwirtschaft, und bis heute ist der Anbau von Obst und Gemüse ein bedeutender Wirtschaftszweig. Hier gedeihen die herrlichsten Früchte, vor allem aber pralle, süße Orangen! In unzähligen amerikanischen Haushalten beginnt der Tag mit einem Glas Orangensaft made in Florida, und auch die Zitronen, Limetten und Grapefruits aus den Supermärkten sind im Sunshine State gereift.

Den Motor der wirtschaftlichen Entwicklung brachten einst zwei Eisenbahn-Magnaten in Gang, Henry B. Plant und Henry M. Flagler. Der eine baute das Schienennetz an der Westküste aus, der andere an der Ostküste. Bald verwandelte sich Florida in eine gigantische Spielwiese für visionäre Unternehmer und Ingenieure, die dort ihre kühnen Ideen verwirklichten: Luxushotels wie Märchenschlösser, die Phantasiewelten der Walt Disney Corporation oder der Weltraumbahnhof von Cape Canaveral, wo die Heldengeschichten des 20. Jahrhunderts geschrieben wurden.

Sonnige Traumstrände, eine erstaunliche Tierwelt, Highlights der Architektur und dazu eine spannende Historie – lassen Sie sich faszinieren, kommen Sie mit auf unsere Entdeckungsreise durch Florida!

Die Farben der Karibik – Kunst und Design in Miami Beach

Kein Model in Miami Beach wird so oft abgelichtet wie diese Schönheiten. Ihre Heimat ist der lange weiße Sandstrand am türkisblauen Meer. Sie kommen so farbenfroh daher wie die Blütenpracht der Karibik, und wer schon einmal in einem Reiseprospekt von Florida geblättert hat, kennt sie: die Lifeguard Towers von Miami Beach.

Diese Rettungsschwimmer-Stationen, 36 an der Zahl, sind die Ikonen der Stadt. Bunte Häuschen auf hohen Holzgestellen, die sich am sieben Meilen langen Strand aufreihen, ein jedes individuell gestaltet. Ihre Flaggen zeigen mit verschiedenen Farben an, ob das Baden im Meer sicher, riskant oder gänzlich verboten ist.

Das Badevergnügen in den Wellen interessiert mich heute jedoch weniger, denn ich will eine Fotoserie von den Stationen der Lifeguards aufnehmen. Aber was ist das Besondere an den bunten Hütten?

Ihre Geschichte beginnt im reinen Chaos. Am frühen Morgen des 24. August 1992 verwüstete Hurricane Andrew weite Teile der Region zwischen Florida City und Miami. Mit einer Gewalt, wie sie kaum jemand zuvor erlebt hatte, fiel der Wirbelsturm über Städte und Dörfer her, und als er sein Zerstörungswerk vollbracht hatte, waren 250.000 Menschen obdachlos geworden.

Miami Beach, die sonst so lebensfrohe Strandinsel, bot einen traurigen Anblick. Wohin man auch sah, nichts als Trümmer. Auch viele der Strandwärter-Stationen bestanden nur noch aus einem Gewirr verstreuter Holzlatten. Man hätte sie einfach und zweckmäßig wieder aufbauen können, doch in dieser düsteren Zeit wollte die Stadt ein Zeichen der Hoffnung setzen. Schnell waren sich die Verantwortlichen einig, dass die Neubauten, so unbedeutend sie von ihrer Größe her auch sein mochten, ein Aushängeschild für Miami Beach werden sollten. Die Stadtplaner beschlossen, William Lane anzusprechen, den aufstrebenden jungen Architekten, der erst vor wenigen Jahren sein Büro in Miami eröffnet hatte. Dieser Mann verstand es auf einmalige Weise, Architektur mit Kunst zu verbinden.

Lane beugte sich über sein Zeichenbrett, glücklich über diesen ungewöhnlichen Auftrag, so stelle ich es mir vor. „Rund wie ein Gartenpavillon", murmelte er und ließ seinen Stift schwungvoll über das Papier fahren. Vor seinem inneren Auge erschienen bereits die passenden Farben. „Ganz in Pink, wie ein Bonbon. Und der Rahmen in einem frischen Frühlingsgrün. Boden und Dach ... ja, ich hab's: so orange wie eine saftige Apfelsine!"

Lane schwelgte in Formen und Farben. Bei den Details des Designs, so sagte er, habe er sich von Miami Beach inspirieren lassen. Von der Art-déco-Architektur der Stadt, der karibischen Kultur und den leuchtenden Farben der tropischen Natur. Aus den funktionalen Hütten der Rettungsschwimmer wurden Kunstwerke – und Symbole für die Wiederauferstehung der Stadt nach der Katastrophe.

Zwanzig Jahre, nachdem Lane die erste Generation der Strandwärter-Häuschen gebaut hatte, wandte sich die Stadt erneut an den Architekten. Ob er 36 neue Lifeguard-Stationen gestalten könne? Sonne, Regen und Wind hatten den Bauten zugesetzt, und nun wollte man sie alle ersetzen und in frischem Design erstrahlen lassen.

William Lane, inzwischen überregional bekannt und mehrfach ausgezeichnet für seine Werke, machte sich nun an die Arbeit. Er griff seine Ideen aus den neunziger Jahren wieder auf und entwickelte sechs Prototypen mit jeweils individueller Architektur. Damit kein Bau dem anderen glich, entwarf er für jeden Typ eine Reihe von einmaligen Farbkombinationen.

Die auffälligste Form ist die des Hahnenkamms als Dachgestaltung. Cooler Punk mit Sonnenbrille, das ist mein erster Eindruck, als ich eine dieser Hütten von weitem sehe, einen orangefarbenen Bau mit roten und gelben Rahmenelementen. Lane hatte aber vermutlich keinen Punk im Sinn, sondern den Hahn als weit verbreitetes Symboltier der Karibik.

Die Lifeguard Towers sind ein Ausdruck der Identität und Kultur von Miami Beach. Zwar dienen sie einem praktischen Zweck, doch gleichzeitig fügen sie sich mit einer eigenen Romantik in die Strandlandschaft ein, wie prächtige bunte Blumen, die das Bild von weißem Sand und türkisblauem Meer mit ihren Farben beleben und ergänzen. Die Bewohner der Stadt sind stolz auf ihre Strandhäuschen – nirgendwo sonst auf der Welt versehen die Rettungsschwimmer ihren Dienst in den Bauten eines preisgekrönten Architekten!

Mord im Art Déco District

In den dreißiger Jahren des 20. Jahrhunderts fegte eine Revolution durch die Straßen von Miami Beach, deren Folgen bis heute zu besichtigen sind: die Architektur des Art déco, ein Baustil, der mit kühnen, geschwungenen Linien, kräftigen Farben und exotischen Ornamenten auffällt. Die Moderne richtete ihren Blick nach vorne, nicht in die Vergangenheit – also weg mit den behäbigen Säulen des Neoklassizismus!

Die Stilrichtung wurde der Weltöffentlichkeit 1925 durch eine vielbeachtete Ausstellung in Paris nahegebracht, die „Exposition internationale des Arts Décoratifs et industriels modernes“, kurz: Art déco. Der neue Trend orientierte sich an den Formen und Farben der modernen Kunst, kombiniert mit bestem handwerklichen Können, und stand für Luxus, Glamour, verschwenderische Fülle und das Vertrauen in den sozialen und technischen Fortschritt.

Zunächst hielt Art déco Einzug in der Inneneinrichtung, weitete sich aber schon bald auf Mode, Alltagsgegenstände und die Architektur aus. Dabei boten sich den Baumeistern bisher ungeahnte Möglichkeiten durch innovative Materialien, wie etwa Stahlbeton und Aluminium, und neue Techniken in der Herstellung von Flachglas.

Wie kam es dazu, dass diese Designströmung gerade in Miami Beach einen so reichhaltigen Ausdruck in der Architektur fand? Die Stadt war erst 1915 gegründet worden. Wohlhabende Industrielle, die die sonnige Insel als Winterquartier für sich entdeckt hatten, sorgten mit ihrem Geld für eine gute Erreichbarkeit vom Festland aus: Die Collins Bridge, später ersetzt durch den Venetian Causeway, wurde 1913 fertiggestellt und 1920 der County Causeway, der heute MacArthur Causeway heißt. So konnten die Wintergäste ganz bequem im eigenen Automobil anreisen.

In South Beach, dem südlichen Teil der Stadt, setzte ein Bauboom ein: Villen und Hotels wuchsen aus dem Boden, um die rasant steigende Zahl der Besucher zu beherbergen. Im Jahr 1926 jedoch wirbelte ein Hurrikan durch die Straßen, der viele Gebäude dem Erdboden gleichmachte. Für den Wiederaufbau kam die Stilrichtung des Art déco gerade zur rechten

Zeit. Auf den strahlend weißen oder pastellfarbenen Fassaden der neuen Häuser erschienen nun Verzierungen in lustvoller Farbauswahl, sonnengelb, türkisblau, flamingorosa oder palmengrün. In Miami Beach mit seinem tropischen Klima durften Farben schon immer eine Spur kräftiger ausfallen.

Jahrzehnte später allerdings, als die besten Jahre lange vorbei waren, drohte das Viertel zu verfallen. Drogenhändler und kriminelle Banden machten die Straßen unsicher, und in den leerstehenden Gebäuden suchten Drogenabhängige und Obdachlose Zuflucht. Bis sich eine Gruppe von Aktivisten zusammentat und hartnäckig dafür einsetzte, die besondere Architektur von South Beach zu erhalten. Im Jahr 1979 kam es schließlich zur Gründung des Miami Beach Architectural District, und heute findet man in diesem Stadtteil mit seinen 960 Art-déco-Häusern die weltweit größte Dichte von Gebäuden in diesem Baustil.

Am Ocean Drive kommen wir an einer Villa vorbei, die nichts von dem freundlichen, farbenfrohen Charme der Nachbarschaft aufweist, und selbst den Palmen im Vorgarten gelingt es nicht, den düsteren Eindruck auszugleichen. Zu streng erscheint das hohe, schwere Holzportal mit seinem gotischen Spitzbogen, das von einer Steinumrandung im Stil einer mittelalterlichen Kathedrale eingefasst wird. Warum haben sich so viele Leute vor dem schmiedeeisernen Zaun eingefunden? Warum nehmen sie so eifrig Selfies auf vor den goldenen Lettern der Hausnummer 1116?

„Das hier ist die Casa Casuarina", verrät uns mit wichtiger Miene eine rotblonde Frau mit übergroßem Strohhut. Aha, denken wir ratlos, weil wir mit dieser Information nichts anzufangen wissen. „Die Villa von Gianni Versace, dem berühmten italienischen Modeschöpfer", hilft sie uns auf die Sprünge und platzt dann genüsslich mit einer gruseligen Story heraus:

Genau hier, auf den Stufen vor dem Eingang, sei Versace am 15. Juli 1997 erschossen worden.

Der Star der Modeszene war wie so oft am Morgen den Ocean Drive entlanggeschlendert, um eine Zeitung zu kaufen und in seinem Lieblingscafé einen Kaffee zu trinken. Als er zurückkam, wartete ein junger Mann mit geladener Pistole auf ihn, Andrew Phillip Cunanan, hochintelligent und hochgefährlich. Aus bisher unbekannten Gründen war er in den Monaten zuvor zum Serienkiller geworden. Das Motiv für den Mord an Versace konnte nie geklärt werden, da sich Cunanan, Tage später von einem großen Polizeiaufgebot in die Enge gedrängt, selbst das Leben nahm.

In der Villa ist heute ein Luxushotel mit zehn Suiten untergebracht, dazu ein Gourmet-Restaurant mit dem Namen Gianni‘s. Die Erinnerung an den Modeschöpfer, inklusive des Gruselfaktors, wirkt sich förderlich auf das Geschäft mit den gutbetuchten Gästen aus.

Und noch ein Klecks Erdbeereis

Miami Beach pflegt sein Image als die Stadt, wo Kunst und Design zu Hause sind. Jedes Jahr findet auf der sonnigen Insel die „Art Basel“ statt, die große internationale Kunstmesse. Sie wurde 1970 erstmalig in Basel abgehalten und hat ihre Veranstaltungen 2002 auf Miami Beach und 2013 auf Hongkong ausgeweitet. Von der britischen Tageszeitung *The Daily Telegraph* wurde die Art Basel „als Olympiade der Kunstwelt“ bezeichnet.

Regelmäßig Anfang Dezember verwandelt sich das Convention Center, das Kongresszentrum der Stadt, für fünf Tage in eine riesige Galerie für moderne Kunst. Hier treffen diejenigen zusammen, die Kunst kaufen und verkaufen: Galeristen und Künstler, Kunsthändler, Sammler und Museumsdirektoren aus aller Welt. Ebenso zieht die Show ein großes Publikum an. Wer gehört aktuell zu den großen Stars? Wem ist es gelungen, sein Werk zu einem unerhörten Preis zu verkaufen? Was sind die neuesten Trends? All das können die Messebesucher in Echtzeit erfahren.

Manchmal hinterlassen die Künstler dauerhafte Spuren in der Stadt, so wie der deutsche Bildhauer Tobias Rehberger. Anlässlich der Art Basel 2011 wurde im South Pointe Park am südlichen Ende der Insel Rehbergers eigensinniger Leuchtturm enthüllt, Originaltitel: „Obstinate Lighthouse". Die 17 Meter hohe Skulptur besteht aus einem Stapel von 19 versetzten Scheiben in Schwarz und Weiß und wird von einer Installation beweglicher Lichter gekrönt.

Ganz in der Nähe befindet sich der South Pointe Park Pier, und auch da hatte Rehberger seine Finger im Spiel. Für das Tor entwarf er ein Design aus filigranen, farbigen Metallstäben, und darüber setzte er eine Sprechblase mit dem Namen des Piers. Ein kommunikatives Tor mit einer Botschaft! Die aber ungelesen bleibt, wenn gerade ein schneeweißes Kreuzfahrtschiff vorbeigleitet, das den Hafen von Miami ansteuert oder, in umgekehrter Richtung, ferne Ziele in der weiten Welt. Mit Fernweh im Herzen blicken die Leute gebannt auf den Ozeanriesen im blauen Meer. Auch Kreuzfahrtschiffe sind Meisterwerke des Designs!

Wer sich für Kunst interessiert, kann sich tagelang in Miami Beach aufhalten und immer wieder Neues entdecken. Mit dem Bus rumpeln wir die Collins Avenue entlang nach North Beach, ein ewiges Stop-and-go, das uns viel Geduld abverlangt. Als der Bus sich am Collins Park vorbeischiebt, sehen wir etwas herrlich Verrücktes: fünf übereinandergesetzte Felsblöcke, von denen jeder in einer anderen grellen Neonfarbe angestrichen ist. Eine wunderbare Wirkung in diesem grünen, mit Palmen bestandenen Park unter blauem Himmel!

Alles, was irgendwie verrückt, originell und am liebsten noch schön bunt ist, dazu im Freien steht, lockt mich unwiderstehlich an. Deshalb lassen wir North Beach sausen, steigen bei der nächsten Haltestelle aus und laufen zu dem knallbunten Felsenturm zurück. Ein Prachtstück in blau, gelb, orange, rot – und der oberste Felsbrocken strahlt freundlich rosa im Sonnenlicht. Er sieht aus wie ein Riesenklecks Erdbeereis.

Wir fragen eine Mitarbeiterin von „The Bass", dem großen Kunstmuseum am Collins Parks, nach dem bunten Kunstwerk. „Es heißt ‚Miami Mountain' und ist mehr als zwölf Meter hoch", sagt die junge Frau und lacht. „Damit haben wir nun endlich einen Berg in dieser flachen Gegend. Er hat schon eine lange Reise hinter sich, denn der Künstler, ein Schweizer namens Ugo Rondinone, hat die Kalksteinblöcke aus der Wüste von Nevada hierher transportieren lassen." Sie streicht sich eine schwarze Locke aus der Stirn und fährt fort: „Manche Leute rümpfen die Nase und sagen: Das ist doch keine Kunst! Aber die meisten lächeln, wenn sie es sehen. Ich glaube, es macht einfach gute Laune."

Das sicher spektakulärste Kunstprojekt von Miami Beach nennt sich „ReefLine". Allerdings bleibt es für die meisten Menschen unsichtbar, auch für mich, weil ich nicht tauchen kann. Es handelt sich um einen Skulpturenpark unter Wasser, der sich auf einer Länge von sieben Meilen entlang der Ostküste von Miami Beach zieht.

„Das Projekt ReefLine ist einzigartig, weil es auf die Gefahren des Klimawandels in Miami Beach aufmerksam macht, diese mindert und gleichzeitig die lebendige Kunstszene der Stadt bereichert", so das Statement des leitenden Designers, Shohei Shigematsu. Die Skulpturen dienen als künstliches Riff und sind deshalb einer ständigen Veränderung unterworfen. Während für die Taucher „Bitte nicht berühren“ gilt, sind die Lebewesen des Meeres eingeladen, das Gegenteil zu tun.

Kunst und Design werden in Miami Beach sowohl von der Stadt als auch von privaten Geldgebern gefördert. Jedoch nicht allein, damit sich der Betrachter daran erfreut. Vielmehr ist dieser Kulturbereich auch ein Wirtschaftsfaktor, denn er zieht Touristen ebenso wie das Fachpublikum an und schafft damit Arbeitsplätze. Die von der öffentlichen Hand finanzierten Projekte haben immer einen Bezug zu der Stadt und betonen somit deren Identität – ein wichtiges Kriterium, da eine Vielzahl ethnischer und sozialer Bevölkerungsgruppen auf dem dichtbesiedelten Eiland lebt.

Das schönste Symbol für die Identität von Miami Beach sind für mich jedoch die farbenprächtigen Strandhäuschen, sichtbar für jedermann. Wo die Rettungsschwimmer die passenden Flaggen aufhängen und den Strandbesuchern das beruhigende Gefühl geben, dass jemand über ihre Sicherheit wacht.

Ich schaue mir die Bilder auf meiner Kamera an. Zu dumm, meine Fotoserie ist nicht vollständig geworden, die Zeit war zu kurz. Ich muss unbedingt wiederkommen!

Coconut Shrimp with Orange-Chili Dipping Sauce – Kokosnuss-Garnelen mit Orangen-Chili-Dip

Zutaten für 4 Personen:

50 g Mehl
½ Tl Salz
½ Tl schwarzer Pfeffer
2 große Eier
85 g grobe Semmelbrösel
85 g Kokosflocken
Kokosöl zum Braten

450 g große Garnelen, küchenfertig
2 Zweige Koriander
3 El Sweet-Chili-Sauce
6 El Orangenmarmelade
1 Prise Cayennepfeffer

Zubereitung:

Mehl, Salz und Pfeffer in einer Schüssel mischen. In einer zweiten Schüssel die Eier verquirlen und in einer dritten Schüssel Semmelbrösel und Kokosflocken vermischen. Jede Garnele in Mehl wälzen, dann in die verquirlten Eier tunken und anschließend in die Kokos-Semmelbrösel-Mischung drücken, bis alle Seiten gleichmäßig bedeckt sind.

Eine große Pfanne bei mittlerer Temperatur heiß werden lassen und so viel Kokosöl hineingeben, bis der Boden bedeckt ist. Jeweils 7 bis 8 Garnelen gleichzeitig braten, etwa 2 Minuten auf jeder Seite bzw. bis sie goldbraun sind. Fertige Garnelen auf Küchenpapier abtropfen lassen, dann auf eine Platte legen und mit fein gehacktem Koriander bestreuen.

Die Orangenmarmelade mit Chilisauce und Cayennepfeffer verrühren und die Garnelen mit dem Dip servieren. Dazu passen geröstetes Weißbrot und ein frischer Salat.

Sturmwolken über dem Paradies – die Florida Keys

Lichtreflexe tanzen auf dem türkis schimmernden Wasser. Sanfte Wellen plätschern an einen schmalen, sandigen Strand. Unter dem azurblauen Himmel hat eine Kokospalme ihre Wedel zu einem weit gefächerten Dach entfaltet, darunter hängen ihre prallen gelben Früchte. Ein grüner Leguan tapst gemächlich durch das üppig wachsende Gras. Manchmal bleibt er stehen und schaut sich um, dabei wirft er hin und wieder auch einen Blick in unsere Richtung. Mit seinem stacheligen Rückenkamm kommt er mir vor wie ein urzeitlicher Drache.

Der kleine Beach Park, wo wir unser Picknick ausgepackt haben, ist ein Juwel. Abseits der Durchgangsstraße liegt er versteckt hinter der öffentlichen Bibliothek von Islamorada, einer Gemeinde auf den oberen Florida Keys, die sich über mehrere Inseln erstreckt. Auf dem Spielplatz tummeln sich ein paar Kinder. Ein kleiner Junge hockt am Strand und gießt selbstvergessen Wasser von einem Sandförmchen ins andere, immer wieder, hin und her.

Wie Perlen auf türkisfarbener Seide reihen sich die Florida Keys aneinander, ein Reich von mehr als 200 Koralleninseln. Als Teil eines alten Korallenriffs ziehen sie sich in einem eleganten Bogen Richtung Südwesten bis in den Golf von Mexiko hinein. Das Klima lässt uns bereits spüren, dass die Karibik gleich nebenan liegt.

Die Bezeichnung „Key“ hat übrigens nichts mit einem Schlüssel zu tun, sondern leitet sich von „cayo“ ab, dem spanischen Wort für eine kleine flache Insel, die aus Korallen und Sand besteht. Ein einsames, romantisches Idyll ist diese Inselwelt nicht, vielmehr erwartet die zahlreichen Besucher eine komplette touristische Infrastruktur mit Ferienhäusern, Hotels, Restaurants und Yachthäfen.

Die 40 Hauptinseln der Keys sind durch den 205 Kilometer langen Overseas Highway miteinander verbunden. Diese Straße ist der südlichste und letzte Abschnitt des U.S. Highway 1, der im Bundesstaat Maine an der kanadischen Grenze beginnt, parallel zur amerikanischen Ostküste verläuft und schließlich, nach 3.846 Kilometern, in Key West endet. In einer Stadt, die mit ihrem besonderen Charme und ihrer Geschichte den glanzvollen Höhepunkt einer solchen Reise bildet.

Doch wir sind bisher nur bis Islamorada im oberen Teil der Keys gekommen. Vom Beach Park aus können wir auf eine vorgelagerte Mangroveninsel schauen. Auf der gegenüberliegenden Seite des natürlichen Kanals, den das Meer hier bildet, sehen wir einen Dschungel von dicht wachsenden Mangroven. Ein Wald wie auf Stelzen, denn die Gehölze haben sich mit ihren vielbeinigen Wurzeln im Schlick verankert.

Schon von der Card Sound Bridge, einer der beiden Brücken, die die Keys mit dem Festland verbinden, hatten wir das dunkelgrüne Dickicht ausgedehnter Mangrovensümpfe gesehen. Die Pflanzen sind eine geniale Erfindung der Natur und wahre Alleskönner. Sie gedeihen in den Gezeitenzonen der tropischen Küsten, das heißt, sie lieben die Wärme und kommen mit Salzwasser bestens zurecht. Und wie in einem Haus, das vom Keller bis zum Dachgeschoss bewohnt ist, blüht auch bei den Mangroven das Leben auf jeder Etage. Im Blätterwerk hausen Reptilien und nisten Vögel, und im Gewirr der

Wurzeln fühlen sich Fische, Krebstiere, Muscheln und Meeresschnecken wohl.

Die tropischen Pflanzen sind außerdem nützliche Helfer beim Meeresschutz, denn sie filtern unablässig das Wasser und tragen so zu dessen Reinheit bei. Wer also das schöne klare Wasser der Florida Keys bewundert, sollte sich bei den Mangroven bedanken. Den Bewohnern der Keys ist allerdings eine andere Eigenschaft noch wichtiger: Die Mangroven stabilisieren die Küsten und dienen als Puffer vor der zerstörerischen Kraft von Sturm und Wellen.

Doch gegen die Wucht des Hurrikans, der am Labor Day 1935 die Inseln heimsuchte, konnten selbst die Mangroven nichts ausrichten.

Der Jahrhundertsturm

An jenem 2. September schien morgens ganz unschuldig die Sonne. Zwar hatten die Meteorologen vom Wetteramt in Miami eine Sturmwarnung ausgegeben, doch von der Katastrophe, die den Keys bevorstand, ahnten sie nichts. Die Radartechnik steckte noch in den Kinderschuhen, und Wettersatelliten gehörten ins Reich der Science-Fiction.

Es war die Zeit der „Great Depression", der Weltwirtschaftskrise, die mit dem Börsencrash im Oktober 1929 begann und mit ihren Folgen, Arbeitslosigkeit, Armut und Hunger, bis weit in die dreißiger Jahre dauerte. Vor dem Kapitol in der Hauptstadt Washington demonstrierten Tausende von arbeitslosen Weltkriegsveteranen und forderten lautstark und hartnäckig Unterstützung ein.

Was hatten nun die Veteranen mit den Florida Keys zu tun? Auch hier war die Lage ernst. Die Familien wussten kaum, wie sie die nötigen Dollars für die nächste Mahlzeit zusammenbringen sollten. Die Regierung sah die Lösung im Tourismus, und um den in Schwung zu bringen, wollte man die Straßen zu einem ordentlichen, durchgehenden Highway ausbauen. Eilig legten die Behörden ein staatlich finanziertes Arbeitsprogramm auf, mit dem Ziel, die Infrastruktur auf den Keys zu verbessern, vor allem aber, um die unbequemen Veteranen in Lohn und Brot zu bringen. Im Mai 1935 trafen rund 700 ehemalige Kriegsteilnehmer in Islamorada ein. Zwischen den Inseln Lower Matecumbe Key und Long Key, wo bisher nur Autofähren verkehrten, sollten sie eine Straßenbrücke bauen.

Ende August braute sich über dem Atlantik südöstlich von Florida ein kleines Tiefdruckgebiet zusammen. Es rückte nach Westen vor, überquerte die Bahamas und verdichtete sich unterwegs zu einem Wirbelsturm. Der schien zunächst an den Keys vorbeiziehen zu wollen. „Nur eine Gefahr für die Schiffe“, teilte das Wetteramt mit. Plötzlich aber änderte der Hurrikan seine Richtung – und als er am Abend des 2. September auf Land traf, hatte er sich in ein brüllendes Monster verwandelt, das alles verschlang, was ihm im Weg stand. Seine Vorspeise: die Baracken der Straßenarbeiter.

Die Veteranen wohnten in einfachen Holzhütten, verteilt auf drei Camps in der Gemeinde Islamorada. Um dem öden Lagerleben zu entgehen, waren etwa 350 der Männer am Labor Day nach Miami oder Key West gefahren, auf der Suche nach Abwechslung und Vergnügen – Ausflüge, die ihnen das Leben retteten. Die anderen jedoch verbrachten den Feiertag im Camp. Am Nachmittag bemerkten sie, wie sich der Himmel verdunkelte. Windböen zerrten an den simplen Behausungen, die Dächer ächzten und knackten bedrohlich.

„Keine Sorge“, sagte Ray Sheldon, der Leiter des Arbeitseinsatzes, zu ihnen. „Ich habe einen Zug aus Miami angefordert, der wird euch bald in Sicherheit bringen.“ Er versuchte, Ruhe auszustrahlen, wurde aber selbst immer nervöser. Ständig schaute er auf die Uhr. Warum kam dieser verdammte Zug nicht? Er müsste doch längst in Islamorada eingetroffen sein!

In den Lagern breitete sich Panik aus. Dutzende der Männer hatten im Gemischtwarenladen des Ortes Zuflucht gesucht. Carlton Bradford, der Besitzer, telefonierte gerade, als sich das Dach seines Geschäfts öffnete wie der Deckel einer Konservendose. „Schnell, raus hier", schrie er, „das Haus fällt auseinander!"

Mit Windgeschwindigkeiten von bis zu 300 Stundenkilometern fegte der Hurrikan über die oberen Keys hinweg. Turmhohe Wellen ergriffen die Holzbaracken und rissen sie mitsamt ihren Bewohnern ins Meer. Um 20:20 Uhr endlich, mit mehrstündiger Verspätung, kam schnaufend der lang erwartete Zug herbeigerollt – und kaum standen die Räder still, da flog der Bahnhof buchstäblich in die Luft. Eine riesige Flutwelle hob die elf Waggons wie eine Spielzeugeisenbahn von den Gleisen und verstreute sie in der Umgebung. Es herrschte ein unglaubliches Chaos.

Die Kriegsveteranen hatten keine Chance. Die Keys waren für sie zu einer tödlichen Falle geworden.

Als wäre nichts gewesen

Der Labor-Day-Hurrikan von 1935 ging als der stärkste Wirbelsturm, den die USA bis dahin erlebt hatten, in die Geschichte ein. Noch nie war ein so extrem niedriger Luftdruck gemessen worden; wer auf sein Barometer schaute, musste glauben, das Gerät sei defekt. Die enorme Windgeschwindigkeit platzierte den Hurrikan auf dem höchsten Rang der fünfstufigen Skala.

Die Folgen waren verheerend: Auf den oberen Keys zerstörten Sturm und Wellen nicht nur fast alle Gebäude, sondern auch Brücken und Bahngleise. Islamorada, die am stärksten betroffene Stadt, wurde vollständig verwüstet. Insgesamt fanden 423 Menschen den Tod, unter ihnen 259 Veteranen. Reporter, die zwei Tage später den Schauplatz erreichten, waren fassungslos: Nichts als Trümmer und Tote, so weit sie blicken konnten. Und wie zum Hohn schien freundlich die Sonne, plätscherten Wellen verspielt ans Ufer, als wäre nie etwas geschehen.

Die American Legion, die Veteranenorganisation der US-Streitkräfte, erhob schwere Vorwürfe gegen die Verantwortlichen vor Ort und sprach sogar von Mord. Mit ihrem Missmanagement, ihrer Gleichgültigkeit und Ignoranz hätten sie den Tod der Veteranen verschuldet.

Nach unserer Picknickpause im Beach Park besuchen wir noch das Hurricane Monument ganz in der Nähe. Es ist ein schöner ruhiger Ort des Gedenkens, umgeben von viel Grün. Der steinerne Obelisk, der sich in der Mitte erhebt, zeigt ein Relief aus Meereswellen und Palmen, die sich im Sturm krümmen, und auf der Bronzetafel darunter lesen wir: „Gewidmet der Erinnerung an die Zivilisten und Kriegsveteranen, die im Hurrikan vom 2. September 1935 ums Leben kamen." Teil des Denkmals ist eine Grabstätte aus Steinplatten, die die Asche von 300 Hurrikan-Opfern enthält.

Wer im Süden von Florida wohnt, muss mit heftigen Stürmen rechnen. Die Hurrikan-Saison beginnt am 1. Juni und endet am 30. November, wobei die größte Gefahr zwischen Mitte August und Ende September droht. Wenn auch die Naturgewalten ohne Gnade toben, so sind sie doch zumindest berechenbarer geworden. Zuverlässige Wettervorhersagen geben den Bewohnern genug Zeit, ihre Vorbereitungen zu treffen.

Vor der Bibliothek, wo wir das Auto geparkt haben, kommen wir mit einem kräftigen, sonnengebräunten Mann ins Gespräch, den ich auf Mitte sechzig schätze. Er trägt ein gelbes Polohemd, karierte Shorts und eine Kappe mit dem Logo der Miami Marlins, dem Baseball-Team der Stadt. Er habe vorher in Madison, Wisconsin, gewohnt, erzählt er uns, und genieße nun sein Rentnerleben auf den Keys. Und, ja, es gefalle ihm hier, trotz der Sturmgefahr. Man gewöhne sich daran, öfter mal das Haus reparieren zu müssen. Hilfreich sei eine gute Versicherung.

„Was machen die Leute hier, wenn ein schwerer Hurrikan im Anmarsch ist?", frage ich.

„Wenn es ernst wird, ordnen die Behörden die Evakuierung an", sagt er. „Wir nageln die Fenster mit Brettern zu, packen die Koffer und fahren aufs Festland. Über den Highway schieben sich dann Karawanen von Wohnwagen und voll beladenen Autos. Wer es sich leisten kann, übernachtet im Hotel, andere kommen in den Schutzräumen unter, die zu diesem Zweck eingerichtet werden. Auf den Inseln zu bleiben, wäre viel zu unsicher und zu gefährlich."

Nach dem Jahrhundert-Hurrikan von 1935 machten sich die Menschen daran, die Inseln vom Schutt zu befreien und ihre Häuser wieder aufzubauen. Die Overseas Railroad, die Eisenbahnlinie nach Key West, deren Gleise auf den oberen Keys nun als Schrotthaufen herumlagen, wurde nicht wieder instand gesetzt. „Viel zu teuer", sagten die Chefs der Eisenbahngesellschaft, da die Strecke auch schon vor dem Sturm nicht mehr profitabel gewesen war. Stattdessen nutzte man die Brücken und den Bahndamm für den Ausbau des Overseas Highway.

Die längste Brücke ist die Seven Mile Bridge zwischen Knight's Key und Little Duck Key, eine fast elf Kilometer lange Verbindung, die 1982 eröffnet wurde. Parallel dazu verläuft die alte Brückenkonstruktion von 1912. Sie ist für den Autoverkehr gesperrt, doch Radfahrer haben freie Fahrt. Touristen gehen gerne hier in luftiger Höhe spazieren, und am Geländer lehnen die Angler und warten auf fette Beute.

Unter einem strahlend blauen Himmel rollen wir über die Seven Mile Bridge Richtung Key West. Links und rechts von uns glitzert das türkisgrüne Meer im Sonnenlicht – Tropenparadies mit Karibik-Flair.

Doch Minuten später am Straßenrand: havarierte Wohnwagen, die kreuz und quer herumstehen, nutzlos und verlassen. Die äußere Verkleidung haben Sturm und Flutwellen abgerissen, die Isolierung hängt in Fetzen herunter – ein trauriger Anblick. Der letzte Hurrikan lässt grüßen. Und ruft in Erinnerung, dass sich das Paradies immer wieder in eine Hölle verwandeln kann.

Key Lime Pie – Limettenkuchen

Zutaten:

200 g Vollkornbutterkekse
120 g Butter
5 unbehandelte Limetten
4 Eigelbe
400 ml gezuckerte Kondensmilch
1 EL gehackte Pistazien
1 Becher süße Sahne

Zubereitung:

Den Backofen auf 180°C vorheizen. Die Butterkekse in einen Gefrierbeutel geben und mit dem Nudelholz zu Bröseln zerkleinern. Die Butter in einem Topf schmelzen. Die Kekskrümel mit der flüssigen Butter in einer Schüssel vermischen. Die Krümelmischung in eine gefettete Tarteform geben und am Boden und Rand fest andrücken. 8–10 Minuten backen, dann auskühlen lassen.

Für die Füllung die Schale von 2 Limetten abreiben, dann 4 Limetten auspressen. Die Schale zusammen mit den Eigelben in einer Schüssel cremig rühren. Die gezuckerte Kondensmilch und den Limettensaft dazugeben und alles kurz verrühren. Die Mischung auf den Kuchenboden geben und 15 Minuten bei 180°C backen. Abkühlen lassen und dann für ca. zwei Stunden in den Kühlschrank stellen.

Eine Limette schälen, halbieren und in feine Scheiben schneiden. Den Kuchen mit Pistazien bestreuen und mit Limettenscheiben verzieren. Mit Schlagsahne servieren.

Key Lime Pie wurde 2006 zum offiziellen Kuchen des Bundesstaats Florida ernannt. Wirklich echt ist er nur, wenn er mit „key limes“ gebacken wird, den sogenannten Echten Limetten, die auf den Florida Keys und in Mexiko wachsen.

Applaus für den Sonnenuntergang – Key West

Beim ersten Hahnenschrei werden wir wach. Nein, das hier ist nicht Urlaub auf dem Bauernhof, sondern ein Aufenthalt in Key West. Wir übernachten in einem Hotel in der Innenstadt, wo man Federvieh eher nicht erwarten würde. Wenig später entdecken wir den Kräher mit der durchdringenden Stimme, ein wahres Prachtexemplar mit hochaufgerichtetem roten Kamm und bunt schimmerndem Gefieder. Ein Kerl wie aus dem Bilderbuch! Er stolziert auf dem Rasen zwischen den Hotelbungalows umher und fühlt sich hier offensichtlich zu Hause. Ebenso wie die Damen seines Hofstaats, die eifrig neben ihm scharren. Da, ein Würmchen, das muss ausgiebig begackert werden!

Diese Hühnerfamilie ist nicht die einzige, der wir in Key West begegnen. Ein geschäftiges Huhn, das die Straße entlangläuft, um dann in einer Seitengasse zu verschwinden, scheint ein ganz alltäglicher Anblick zu sein.

Hühner habe es in Key West schon immer gegeben, erfahren wir später von einer älteren Dame mit dezent lila gefärbten Haaren, die ein Faible für die Tiere hat. „Früher haben die Leute hier Hühner gehalten, um sich mit Eiern und Fleisch zu versorgen. Als man aber beides ganz bequem im Supermarkt kaufen konnte, sind wohl einige Hühner freigelassen worden, statt im Suppentopf zu landen. Andere Hähne kamen frei, als der Hahnenkampf verboten wurde." Sie lacht. „Wir finden, dass das Federvieh viel mit unserer Stadt gemeinsam hat: mit langer Geschichte, bunt und eigensinnig, ein wenig wild, oft zu laut und manchmal nervig."

Erst am Abend zuvor sind wir angekommen, aber ich liebe Key West schon jetzt!

Da uns der tierische Wecker früh aus dem Bett geholt hat, haben wir die Stadt auf unserem ersten Spaziergang fast für uns allein. Hunde werden ausgeführt, Büromenschen gehen, mit einem Coffee-to-go in der Hand, zur Arbeit, Ladenbesitzer putzen ihre Schaufensterscheiben, aber die Touristen sind noch nicht wach. Sie müssen sich vom Feiern erholen.

Deshalb sind wir jetzt beim „Southermost Point" die einzigen Besucher. Die große bunt bemalte Boje gehört zu den meistfotografierten Motiven in den USA und wird zu jeder anderen Tageszeit von Selfie-Jägern belagert. An der Ecke South Street und Whitehead Street markiert sie, so zumindest der Anspruch, den südlichsten Punkt der USA auf dem nordamerikanischen Kontinent. Das allerdings ist geografisch nicht ganz korrekt, weil sich ein Stück weiter westlich ganz frech eine kleine Landzunge ins Meer streckt, die diesen Rekord noch überbietet. Als Teil eines Marinestützpunkts ist sie aber für Touristen nicht zugänglich.

Doch wer will es schon so genau nehmen? Mit ihrem dekorativen Hintergrund aus Himmel und Meer, der in den schönsten Blautönen erstrahlt, stellt die tonnenförmige Boje das Wahrzeichen der Stadt dar. Und deswegen erfahren die Besucher an dieser Straßenecke gleich alles, was notwendig ist – sozusagen Key West „in a nutshell".

Zum Beispiel „90 miles to Cuba". Hier hat man großzügig abgerundet, um die Nähe noch stärker zu betonen. Tatsächlich muss man bis zum nächstgelegenen Punkt auf Kuba 94 Meilen übers Meer in Richtung Süden zurücklegen, und Havanna ist 106 Meilen entfernt. Warum wird diese Information hervorgehoben? Viele Bewohner von Key West sind aus Kuba eingewandert oder haben Vorfahren, die von der Insel stammen. Mit Stolz pflegen sie ihr kulturelles Erbe.

Wer auf der Suche nach einem Kaffee oder einer Mahlzeit durch die Stadt schlendert, kann zwischen unzähligen kubanischen Lokalen auswählen. Die Cuban Coffee Queen, eine einfache Kaffeebude am Hafen, fällt besonders ins Auge, weil sie auf einer Seite mit einer überdimensionierten, grellbunten Postkartenansicht bemalt ist: Greetings from Key West. Schon ein wenig müde und mit Anzeichen von Kopfschmerzen von all den Eindrücken bestelle ich mir einen Cortadito. Der doppelte kubanische Espresso mit Zucker und geschäumter Milch pustet mit ordentlich Koffein meinen Kopf klar und bringt mich wieder auf die Beine.

Der kurze Krieg der Conchs

Was erzählt uns die bauchige Boje noch? „The Conch Republic", lesen wir auf den Rändern eines gemalten Dreiecks, und in dessen Mitte sehen wir das orange-weiße Gehäuse einer Meeresschnecke, einer „queen conch", auf Deutsch Große Fechterschnecke. Es sind diese schönen gewundenen Gehäuse, die uns immer an Traumstrände und Meeresrauschen denken lassen.

Conchs (ausgesprochen „konks"), so nannte man auf den Florida Keys und vor allem in Key West die Einwanderer, die von den Bahamas stammten, der Inselgruppe südöstlich von Florida. Der Name kam zustande, weil das Fleisch der Meeresschnecke dort zur Alltagskost gehörte. Im Laufe des 20. Jahrhunderts weitete sich der Begriff auf alle Bewohner von Key West aus, wobei die Alteingesessenen gerne eine kleine

Unterscheidung vornehmen: Die Saltwater Conchs wurden bereits in Key West geboren, während die Freshwater Conchs Zugezogene sind, die seit mindestens sieben Jahren in der Stadt leben.

Was aber hat es nun mit der „Conch Republic" auf sich? Anfang der achtziger Jahre wurden die Florida Keys zu einem Einfallstor für Drogenschmuggler und illegale Einwanderer. Um das gesetzlose Treiben einzudämmen, richtete die U.S. Border Patrol, die Grenzschutzbehörde, an einem strategisch günstigen Punkt eine Straßensperre mit Kontrollstation ein. Und zwar genau dort, wo die beiden Straßen zusammenlaufen, die die Keys mit dem Festland verbinden. Jedes Fahrzeug, das von den Keys kommt, muss diese Stelle passieren.

Dennis Wardlow, der damalige Bürgermeister von Key West, war empört. „Was für eine Zumutung!", regte er sich auf. Mit Recht, denn während die Grenzbeamten die von den Keys anrollenden Autos akribisch durchsuchten, kam es regelmäßig zu langen Rückstaus. Mehrfach reichte der Stadtrat Beschwerde ein, mit dem Argument, die Kontrollen schadeten dem Tourismus und damit der lokalen Wirtschaft. Doch vergebens – die US-Regierung kümmerten die Probleme der kleinen Stadt auf der abgelegenen Insel herzlich wenig.

Da hatte Wardlow, ein Schlaukopf und Schlitzohr mit viel Sinn für Humor, eine Idee. „Wenn sie uns wie eine fremde Nation behandeln, na, dann werden wir eben eine!"

Ein passender Name war schnell gefunden: Conch Republic. Bürgermeister Wardlow wurde zum Premierminister der Republik ernannt und die Straßensperre als Außengrenze deklariert. Am 23. April 1982 erklärte der neue Kleinstaat den USA den Krieg. Vertreter der Republik lösten symbolisch die Bande, indem sie eine Stange kubanischen Weißbrots, alt und folglich hart, über dem Kopf eines Soldaten der US-Marine zerbrachen. Eine Minute später schon ergab sich der Premierminister und forderte eine Milliarde Dollar an Entwicklungshilfe, um, wie er sagte, „das Land nach der langen Belagerung wiederaufzubauen".

Es war ein großartiger PR-Gag – plötzlich berichteten Zeitungen, Radio- und Fernsehstationen landesweit über die Rebellen und deren Ärger mit den Behörden. Bald darauf beugte sich das zuständige Ministerium dem öffentlichen Druck, der Grenzschutz stellte seine Kontrollen ein und gab die Straße wieder frei. Die Medienaufmerksamkeit verhalf dem Tourismus zu einem ungeahnten Aufschwung.

Wardlows Idee ist bis heute lebendig geblieben, und die Menschen in Key West betrachten die Conch Republic als Teil ihrer Identität. Reisende, die an dem kleinen Inselflughafen ankommen, werden von einem Schriftzug in großen roten Lettern begrüßt: Welcome to the Conch Republic, und auf der Rückseite des Gebäudes prangt als Wandmalerei eine riesige blaue Fahne mit Schnecken-Logo. Die Flagge begegnet uns häufig, sie flattert in Vorgärten, hängt von Balkonen und ist ein beliebtes Motiv auf T-Shirts und sonstigen Souvenirs.

Seit damals feiern die Conchs jedes Jahr am 23. April ihren Unabhängigkeitstag, als Teil eines fröhlichen Festivals, das Key West eine ganze Woche lang in den Ausnahmezustand versetzt. Die Republik, so heißt es, gründe sich nicht auf ein Territorium, sondern auf eine souveräne geistige Haltung, „a sovereign state of mind", die mehr Humor, Wärme und Respekt in die Welt bringen will.

Ein weiterer Grund, Key West zu lieben!

Zum Ersten, zum Zweiten, zum Dritten …

Der Ursprung des Namens Key West liegt in der spanischen Bezeichnung „Cayo Hueso“, was nichts anderes bedeutet als Knocheninsel. Seeleute, die dort gelandet waren, berichteten, das Eiland sei übersät mit menschlichen Überresten. Ureinwohner hatten das unbewohnte Fleckchen Land wohl als Friedhof für ihre Verstorbenen genutzt.

Ganz gleich, wer gerade die Herrschaft über Florida ausübte, Spanier, Briten oder ab 1821 schließlich die Amerikaner, an das sandige Anhängsel im Südwesten dachte erst einmal niemand. Fischer aus Kuba und von den Bahamas kampierten gelegentlich dort, um an der Küste allerlei Meeresgetier zu fangen, segelten dann aber wieder nach Hause. Zu klein, zu abgelegen war die Knocheninsel, und niemand wollte sich dauerhaft dort niederlassen.

Das aber sollte sich bald ändern.

Am 21. Dezember 1821 saßen in einem Café in Havanna zwei Männer zusammen, der amerikanische Geschäftsmann John W. Simonton und der spanische Marineoffizier Juan Pablo Salas. Sie führten eine geschäftliche Verhandlung. Simonton hatte von einem Freund erfahren, dass Key West einen natürlichen Hafen aufwies, der sich für große Schiffe eignen würde, und beschloss, die Insel zu erwerben.

Deren Besitzer war Juan Pablo Salas. Er hatte das sandige Eiland 1815 von dem spanischen Gouverneur auf Kuba erhalten, als Anerkennung für besondere Verdienste, wusste aber mit dem Geschenk nichts anzufangen. Als die USA die Kontrolle über Florida erlangten, versuchte er sogleich, den unnützen Besitz gewinnbringend loszuschlagen – und das gleich zweimal. Bei der erstbesten Gelegenheit tauschte er Key West gegen ein größeres Segelboot im Wert von 575 Dollar ein.

Doch der Zufall wollte es, dass ihm kurz darauf der Amerikaner begegnete.

„Ich würde Ihnen 2.000 Dollar für die kleine Insel zahlen", sagte Simonton, während er gemütlich an seiner Zigarre paffte. Der Spanier konnte nicht widerstehen. Mit Gier in den Augen schlug er ein. Dem ersten Käufer bot er zum Ausgleich ein Grundstück im Osten von Florida an.

Simonton aber reiste unverzüglich nach Washington, um sich die Eigentumsrechte beurkunden zu lassen. Sodann ersuchte er die Regierung, auf Key West für Recht und Ordnung zu sorgen. Am 25. März 1822 segelte Korvettenkapitän Matthew C. Perry mit dem Schoner *USS Shark* nach Key West, stellte einen Fahnenmast mit flatternder US-Flagge auf und zeigte damit weithin sichtbar, wer auf Key West nun das Sagen hatte. Ein Jahr später gründete die US Navy einen neuen Stützpunkt auf der Insel.

Simonton teilte sein Land in Grundstücke auf, verkaufte sie, und bald trudelten die ersten Siedler ein. Sie fingen Fische und Meeresschildkröten, wie man es auf Key West schon immer getan hatte, und errichteten Anlagen zur Gewinnung von Meersalz. Dass aber das Fischerdorf einen kometenhaften Aufstieg hinlegte und schon 1830 als reichste Stadt der USA galt, lag an einem ganz anderen Wirtschaftsfaktor.

An den Florida Keys zieht sich in einem weiten Bogen ein Korallenriff entlang, das drittgrößte seiner Art weltweit. Heute ein Taucherparadies, früher der Schrecken der Seeleute. Spanische Galeonen, die vom Atlantik her durch die Straits of Florida nach Havanna segelten, wurden bei starkem Wind unaufhaltsam in Richtung Riff getrieben und erlitten im Gewirr der scharfkantigen Korallen Schiffbruch. Den Spaniern blieb nur, die Fracht von Einheimischen bergen zu lassen, bevor das kostbare Gut dem Meeresgrund entgegensinken konnte.

Kaum waren die Keys ein Teil der USA geworden, kam Schwung in das örtliche Geschäftsleben, und die Bergung der Handelsware aus den Wracks entwickelte sich zu einem organisierten Gewerbe, das für alle Beteiligten Gewinne abwarf.

Was passierte im Falle eines Schiffbruchs? Die Meldung „Schiff am Riff!“ verbreitete sich wie ein Lauffeuer auf Key West. Die Bergungsarbeiter, allzeit bereit, rannten zu ihren Booten und begaben sich in einer wilden Jagd zur Unglücksstelle, um Anspruch auf das sinkende Schiff zu erheben. Der erste, der ankam, übernahm die Rolle des Wrackmeisters. Er war dafür zuständig, die Arbeit einzuteilen. Zunächst retteten die Männer die Besatzung, dann brachten sie die Fracht an Land. Ein Richter hörte sowohl den Schiffskapitän als auch den Wrackmeister an und entschied, wem welcher Anteil von der Beute zustehen sollte.

Die anschließende Auktion gestaltete sich zu einem aufregenden Großereignis, das Menschen aus allen Himmelsrichtungen anzog. Baumwolle, Tabak, seidene Kleider, silberne Teekannen, Gemälde und fein gedrechselte Möbel, all das wurde an den jeweils Meistbietenden versteigert. „Und hier: ein Klavier ... zum Ersten, zum Zweiten, zum Dritten ...“ In die einfachen Haushalte der Fischerfamilien hielten viele kostbare Dinge Einzug – der Traum von Wohlstand und bürgerlichem Leben wurde Wirklichkeit.

Aber ach, irgendwann waren die goldenen Zeiten vorbei. Mehr und mehr Dampfschiffe befuhren die Meere und lösten die alten Segler ab. Geänderte Routen und die Kraft des neuen Antriebs verhinderten fortan den Crash mit dem tückischen Riff. Doch noch heute suchen Taucher dort nach Schiffen, die nie ihren Hafen erreichten. Für großes Aufsehen sorgte der amerikanische Schatzsucher Mel Fisher, als er 1985 vor der Küste Floridas das Wrack der sagenumwobenen *Atocha* aufspürte. Die spanische Galeone war 1622 in die Tiefe gesunken, beladen mit Gold, Silber und Edelsteinen im Wert von 400 Millionen Dollar.

Leben und leben lassen

Das vielfältige Erbe der Inselstadt spiegelt sich in den Gräbern des alten Friedhofs wider. Wir laufen außen an dem schwarzen Eisenzaun entlang, als uns eine junge Frau mit zwei kleinen Hündchen auffällt. Sie hebt eines der Hündchen hoch, lässt es durch das Gitter schauen und sagt: „Look at that!" Was gibt es da zu sehen? Die junge Frau zeigt hinüber auf eine der Grabplatten. Da seien Iguanas, erklärt sie.

Tatsächlich, auf den sonnenwarmen Steinen relaxt eine ganze Familie von Grünen Leguanen. Die Iguanas sind eine eingeschleppte Art und gelten mittlerweile als Plage, doch in Key West scheint man sie zu tolerieren. Leben und leben lassen, so lautet die Devise, und das gilt nicht nur für Menschen und Hühner, sondern auch für Leguane.

Auf dem Friedhof ruhen Menschen aller Hautfarben und Religionen in friedlicher Nachbarschaft. Seeleute von den Bahamas liegen hier begraben, Zigarrenfabrikanten aus Kuba, Kriegsveteranen, Künstlerinnen und Dienstmädchen. Und eine kleine Hirschkuh namens Elfina, das geliebte Haustier einer Familie Otto. Elfina hat nicht nur ihren eigenen Grabstein bekommen, nein, auch eine Nachbildung aus Stein erinnert an das anmutige Tier.

Unter der tropischen Sonne von Key West gedeihen Individualität und Eigenwilligkeit. Andere reden über Diversität, in dieser Stadt wird sie tagtäglich gelebt. Menschen jedweder sexuellen Orientierung genießen den Wind der Freiheit, der hier weht.

Es wird Abend, die Sonne neigt sich dem Horizont entgegen. Auf einmal haben alle Besucher nur noch ein Ziel: den Mallory Square im Westen der Insel. Denn Key West ist „home of the sunset“ – auch das hatte uns die bunte Boje am Southernmost Point verraten. Nirgendwo soll die Sonne beim Untergehen ein so grandioses Schauspiel liefern wie hier, und das wird jeden Abend auf dem Mallory Square gefeiert.

Doch noch strahlt die Sonne zu grell, noch hat ihr großer Auftritt nicht begonnen. Wir bummeln über den Platz, hören den Straßenmusikern zu und beobachten einen schmalen Jungen, der geschickt mit fünf Bällen jongliert. An einem Imbissstand kaufen wir uns eine grüne Kokosnuss, die der Verkäufer aufgeschnitten und mit einem Strohhalm versehen hat. Das Kokoswasser schmeckt nach Karibik – herrlich erfrischend!

Und dann: Wie auf ein geheimes Zeichen richten sich alle Blicke nach Westen. Der Himmel über dem Meer ist in ein warmes Orange getaucht, und ein rötlicher Schein liegt auf dem Dunkelblau des Meeres. An der unendlichen Himmelskulisse weiden rosafarbene Wolkenschafe. Segelboote gleiten als schwarze Silhouetten am Horizont entlang. Das gleißende Rund der Sonne sinkt immer tiefer, erreicht die Linie zwischen Himmel und Meer, fast möchte man meinen, ein Schwappen und ein Zischen zu hören – und dann ist sie verschwunden.

Die Leute auf dem Mallory Square fangen an zu klatschen. Applaus für den Sonnenuntergang, Applaus für diese wunderbare Stadt!

Conch Fritters – frittierte Conch-Bällchen

Zutaten für 6 Personen:

1 l Öl zum Frittieren
100 g Mehl
1 Ei
120 ml Milch
150 g Conch-Fleisch
1 kleine Zwiebel
½ grüne Paprika
2 Stangen Sellerie
2 Knoblauchzehen
¼ Tl Cayennepfeffer
Salz und Pfeffer nach Geschmack

Zubereitung:

Das Öl in einem großen Topf oder einer Fritteuse auf 185°C erhitzen. Conch-Fleisch, Paprika und Sellerie in kleine Stücke schneiden. Zwiebel und Knoblauch häuten und fein würfeln. Mehl, Eier und Milch in einer großen Schüssel verrühren und mit Cayennepfeffer, Salz und Pfeffer würzen. Conch-Fleisch, Paprika, Sellerie, Zwiebel und Knoblauch unter den Teig mischen. Mit einem Esslöffel runde Bällchen aus der Teigmischung stechen, in das heiße Öl geben und frittieren, bis sie goldbraun sind. Auf Küchenpapier abtropfen lassen. Mit Ketchup, Mayonnaise oder einem anderen Dip servieren.

Viele Bewohner von Key West, deren Vorfahren von den Bahamas stammen, kochen gerne nach den traditionellen Rezepten. Da darf die Conch natürlich nicht fehlen. Die Conch Fritters im Rezept reichen als Vorspeise für 6 Personen, als kleine Mahlzeit für 4 Personen. Statt Meeresschnecken kann man auch Hummerfleisch verwenden.

Katzen auf großen Pfoten – Ernest Hemingway in Key West

Auf leisen Tatzen schleicht sie den schattigen Gartenweg entlang. Kauert sich hin, lauert bewegungslos – und plötzlich springt sie hoch, greift mit den Vorderpfoten in die Luft und landet wieder auf den Steinplatten. Keine Beute? Nein, das hat sie nicht nötig, höchstens zum Zeitvertreib. Sie und ihre Freunde werden hier gut gefüttert.

„Eine Katze führt immer gleich zur nächsten", hat Ernest Hemingway gesagt, der amerikanische Literaturnobelpreisträger, der mehr als zehn Jahre in Key West lebte. Mit unzähligen Katzen, die auf seinem Anwesen in der Whitehead Street ein Zuhause fanden und deren Nachkommen noch heute hier schnurren, spielen und sich genüsslich in der Sonne räkeln.

Nach Hemingways Tod im Jahr 1961 wurde das Wohnhaus in ein Museum umgewandelt, und die Katzenkolonie gehört dazu. Rotblond, schwarz, weiß und grau, getigert, gefleckt und gescheckt – die Fellfarben sind so bunt gemischt, als wollten die Tiere auf ihre Art für die Diversität von Key West werben.

Die Samtpfoten genießen ein weitgehendes Hausrecht. Ein Kätzchen hat es sich auf dem Bett im Schlafzimmer gemütlich gemacht, ein anderes hockt neben Hemingways Schreibmaschine im Arbeitszimmer auf dem runden Tisch, dort, wo der Autor *To Have and Have Not* („Haben und Nichthaben") schrieb, einen Roman über Key West während der Weltwirtschaftskrise. Im selben Zimmer blickt eine stattliche Rotblonde hoch zu der Jagdtrophäe an der Wand, einem gehörnten Bock, und überlegt wohl, ob man von da oben eine gute Aussicht hat.

Als Hemingway im April 1928 mit seiner zweiten Frau Pauline Pfeiffer im Hafen von Key West eintraf – sie waren mit der Fähre von Havanna gekommen –, stand für die beiden keineswegs fest, dass sie sich für längere Zeit hier niederlassen würden. Es sollte nur eine Zwischenstation sein. Ein Freund hatte dem Schriftsteller vom Charme der Insel erzählt. Damals lebten in dem beschaulichen Städtchen nicht mehr als 12.000 Menschen – ein großer Kontrast zu den Metropolen, in denen der junge Mann sich bisher aufgehalten hatte.

Hemingway wurde am 21. Juli 1899 in Oak Park geboren, einem wohlhabenden Vorort von Chicago. Nach seinem Highschool-Abschluss hatte er es eilig, dem großbürgerlichen Elternhaus zu entfliehen. Als Nachwuchsreporter für den *Kansas City Star* eignete er sich das Handwerkszeug eines Journalisten an; es wurde ein Blitzlehrgang, denn schon wenige Monate später reiste er nach Norditalien, um in den letzten Monaten des Ersten Weltkriegs für das Rote Kreuz Krankenwagen zu fahren. Mit einer komplizierten Kriegsverletzung tauchte er zu Hause wieder auf, doch kaum waren die Wunden verheilt, machte er sich erneut auf den Weg.

Toronto, Chicago und Paris waren seine nächsten Stationen. In Chicago begegnete er einer jungen Frau namens Hadley Richardson und wusste sofort: „Das ist die Frau, die ich heiraten werde!" Und genau das tat er. Kurz darauf nahm er einen Job als Auslandskorrespondent für den *Toronto Star* an und zog mit Hadley nach Paris. Viele amerikanische Schriftsteller und Künstler hatten sich die französische Hauptstadt als freiwilliges Exil ausgesucht, und Hemingway, der ambitionierte Nachwuchsautor, hoffte darauf, von den schreibenden Kollegen zu lernen und in ihrem Kreis Inspiration zu finden.

Zur Community der Auslands-Amerikaner gehörte auch die erfolgreiche Journalistin Pauline Pfeiffer, die an der Seine für das Modemagazin *Vogue* arbeitete. Als Hadley herausfand, dass ihr Mann mit Pauline eine Affäre hatte, verlangte sie die Scheidung. Nur wenige Monate später ehelichte Hemingway seine neue Liebe. Sie blieben in Paris, bis Pauline schwanger wurde und mit ihm zusammen in ihr Heimatland zurückkehren wollte. Wohin genau? Man wusste es noch nicht. Vielleicht erst einmal auf diese Insel am südlichsten Zipfel der USA.

Pauline stammte aus einer reichen Familie in Arkansas. Ihr Onkel Gus zeigte sich spendabel und bestellte für das junge Paar einen chromglänzenden neuen Ford Roadster, der nach Key West geliefert werden sollte. Weil sich die Auslieferung verzögerte, bot der Ford-Händler ihnen die kleine Wohnung an, die über seinen Geschäftsräumen lag. Dort könnten sie sich erst einmal einrichten, während sie auf das Auto warteten, meinte er.

Zu diesem Zeitpunkt hatte Hemingway bereits drei Bände mit Kurzgeschichten und zwei Romane veröffentlicht, und nun nutzte er die Wartezeit, um an seinem neuesten Werk weiterzuarbeiten, das er auf der Schiffsreise von Frankreich nach Kuba begonnen hatte. In nur drei Wochen stellte er den ersten Entwurf seines Romans über den Ersten Weltkrieg fertig, *A Farewell to Arms* („In einem anderen Land“). Schon in Paris hatte er sich angewöhnt, jeden Tag in den frühen Morgenstunden zu schreiben. Den Nachmittag nutzte er, um die Umgebung zu erkunden.

Hemingway, groß, breitschultrig und attraktiv, kam gut an in der bunten Gesellschaft von Key West. Schon kurz nach seiner Ankunft lernte er Charles Thompson kennen, den Besitzer der örtlichen Eisenwarenhandlung. Thompson führte ihn in die aufregende Welt des Hochseeangelns ein, und dabei ging es nicht um kleine Fische, sondern um riesige Exemplare wie den Blauflossen-Thunfisch und den Blauen Marlin. Viele der Fotos aus jener Zeit zeigen Hemingway mit seinen Angeltrophäen: Triumphierend schaut er in die Kamera, neben ihm hängt mit offenem Maul und toten Augen ein mehrere Meter langer Raubfisch, der noch wenige Stunden zuvor mit mächtigen Flossenschlägen durch den Ozean geschwommen war.

Mit ihrem neuen Roadster fuhren Hemingway und seine Frau noch ein paar Monate kreuz und quer durch Amerika, schließlich aber kehrten sie mit ihrem Sohn Patrick, den Pauline in Kansas City zur Welt gebracht hatte, nach Key West zurück. Beide hatten die kleine Stadt mit ihrer entspannten Atmosphäre und den freundlichen Menschen inzwischen liebgewonnen. Viele interessante Leute aus allen sozialen Schichten lebten hier, wohlhabende Geschäftsleute und Anwälte ebenso wie Künstler, Handwerker und Fischer. In seinem Werk *To Have and Have Not* verewigte Hemingway so manchen Stadtbewohner als Romanfigur.

Die abgelegenen Keys sprachen seine träumerische Seite an. Die Inseln seien wie eine Phantasie, die Salzwasser mit der Wüste mischt, das Meer mit dem Flachland und die Geschöpfe der Tiefe mit den Tieren aus dem Busch.

Der letzte Penny für den Pool

Hemingway wohnte mit seiner Familie zunächst in einer Mietwohnung, machte sich aber bald daran, ein geräumiges Wohnhaus zu suchen. Der Makler bot ihm eine Villa in der Whitehead Street 907 an. Das Haus sei 1851 im spanischen Kolonialstil gebaut worden, sagte er, mit umlaufenden Balkonen und bodentiefen Fenstern unter einem Schatten spendenden Dach. Da unbewohnt, wirke es ein wenig vernachlässigt, doch das ließe sich ja ändern.

Als Pauline das Haus zum ersten Mal erblickte, bekam sie einen Schreck. „Ein verdammtes Geisterhaus!", rief sie. Leere Fensterhöhlen gähnten, der Putz bröckelte, und im Garten lag Müll in Mengen. Dennoch strahlte die Villa ein Versprechen von alter Schönheit und Würde aus. Auf den zweiten Blick erkannte Pauline das Potenzial des alten Gemäuers, und sie überredete ihren reichen Onkel, das Haus für sie und ihren Mann zu kaufen, sozusagen als verspätetes Hochzeitsgeschenk. Die umfangreiche Restaurierung, die zahlreichen Handwerkern aus dem Ort ein Einkommen bescherte, war 1931 abgeschlossen, und die Familie konnte die Umzugskisten packen. Im November desselben Jahres wurde der gemeinsame Sohn Gregory geboren.

„Wir haben ein schönes Haus, und den Kindern geht es gut", schrieb Hemingway, und es klang nach einem beschaulichen Familienleben. Doch falls Pauline geglaubt hatte, ihr Schriftsteller-Gatte würde nun endlich zur Ruhe kommen und sesshaft werden, so wurden ihre Erwartungen enttäuscht.

Den Sommer verbrachte die Familie ohnehin in den Bergen von Wyoming im Nordwesten der USA, wo Hemingway lange Jagdausflüge unternahm, um seinen Lieben anschließend voller Stolz einen Hirsch- oder Bärenkadaver zu präsentieren. Er legte den gleichen Eifer an den Tag wie die Jäger der Urzeit, von deren Jagdglück es abhing, ob die Sippe genug zu essen hatte. Als ihm die heimische Tierwelt nicht mehr genügte, reiste er mit Pauline zur Großwildjagd nach Ostafrika. Zu Hause in Key West kaufte er sich ein eigenes Fischerboot, die *Pilar*, und setzte die Jagd in der Karibik fort. Er war und blieb ein ruheloser Abenteurer, immer auf der Suche nach Gefahren und Grenzen.

Wenn er einmal nicht unterwegs war, scharte er seinen Freundeskreis um sich, bestehend aus Charles Thompson, Joe Russell – ihm gehörte die berühmt-berüchtigte Hafenkneipe Sloppy Joe's Bar –, Kapitän Eddie Saunders und einigen Weggefährten aus der Pariser Zeit. Jeder von ihnen hatte einen Spitznamen, und Hemingway wurde von den anderen „Papa“ genannt, ein Name, der ein Leben lang an ihm haften blieb. In der Stadt kannte man die Gruppe als „The Mob“. Oft ging der Mob für Tage oder Wochen auf Angeltour, bei Kuba oder den Bahamas, um den großen Fischen nachzustellen.

Im Jahr 1937 machte sich Hemingway nach Spanien auf, um dort als Auslandskorrespondent für amerikanische Zeitungen über den Bürgerkrieg zu berichten. Pauline war zwar gar nicht damit einverstanden, dass er sich in einem Kriegsgebiet aufhielt, wusste aber die Zeit seiner Abwesenheit gut zu nutzen: Sie ließ im Garten einen großen Swimmingpool einbauen, den ersten auf den gesamten Florida Keys.

Das Bauprojekt verschlang ein Vermögen. Als Hemingway von seiner Reise zurückkehrte und den halbfertigen Pool sah, geriet er in Zorn. Er nahm einen Penny aus seiner Hosentasche, warf ihn mit einer melodramatischen Geste in das Becken und brüllte: „Dann kannst du gleich meinen letzten Cent haben!“ Die Tatsache, dass seine Frau den Bau aus ihrer eigenen Tasche finanzierte, war noch nicht in seinen stark männlich geprägten Gehirnwindungen angekommen.

Pauline zuckte gleichmütig die Achseln, kannte sie die Wutanfälle und Launen ihres Mannes doch nur zu gut. Sie ließ den Penny herausholen und in den noch feuchten Zement am nördlichen Ende des Schwimmbeckens einbetten, wie eine ironische Fußnote zum Wutausbruch ihres Gatten. An derselben Stelle können die Besucher das Geldstück noch heute sehen.

Hemingways Aufenthalt in Spanien sollte Folgen haben: Dort nämlich traf er die Journalistin und Schriftstellerin Martha Gellhorn. Diese Begegnung bedeutete das Ende seiner Ehe mit Pauline und ebenso das Ende seiner Zeit in Key West. Hemingway zog 1939 nach Kuba, Martha kam nach, und im November 1940 wurde sie Ehefrau Nr. 3. Nach kaum fünf Jahren hatte Martha die Nase voll von ihm, er sei ein Tyrann, und sie wolle ihn nicht mehr sehen. Ein Jahr später ging Hemingway mit Mary Welsh als Ehefrau Nr. 4 den Bund fürs Leben ein, eine Verbindung, die tatsächlich bis ans Ende seines Lebens halten sollte.

In seinem Roman *The Sun Also Rises* („Fiesta") schrieb Hemingway: „Du kannst dir selbst nicht entkommen, indem du von einem Ort zum anderen ziehst." Doch er selbst hat es zumindest versucht.

Eine Katze namens Schneewittchen

Als wir durch den Garten schlendern, unter Palmen und vorbei an gepflegten Hecken und Rasenflächen, hören wir zärtliche Ausrufe wie: „Hi, sweetie!" oder „Oh, isn't she cute!" Immer eine Oktav höher und voller Entzücken. Viele der Besucherinnen, so scheint es mir, sind in erster Linie wegen der Miezen gekommen; das Leben und Wirken des Schriftstellers nehmen sie so nebenbei mit. Verständlich – schließlich handelt es sich um eine ganz besondere Art von Stubentigern!

Viele der Katzen, die auf dem Grundstück zu Hause sind, verfügen an den Vorderpfoten über sechs Zehen statt der üblichen fünf, eine genetische Anomalie, die man Polydaktylie nennt. Zusätzliche Zehen können nicht nur vorne, sondern auch hinten auftreten. Pfötchen mit dieser Extrabreite sehen aus wie kleine Pelzhandschuhe, wirklich „cute"!

An seine erste Katze kam der Schriftsteller etwa Mitte der dreißiger Jahre. Eines Abends hing er wie so oft mit ein paar Freunden in Sloppy Joe's Bar ab, als sich ein Schiffskapitän zu ihnen gesellte. Hemingway unterhielt sich angeregt mit ihm, und während sie in dem schummrigen Licht dem Whiskey zusprachen, verstanden sie sich immer besser. Die Sonne war längst untergegangen, da wankte der Kapitän zu seinem Schiff zurück. Er kam jedoch noch einmal wieder, und nun hielt er eine weiße Katze im Arm. „Für dich, mein Freund", sagte er mit rauer Stimme, „sie heißt Snow White." In diesem Moment streckte die Katze namens Schneewittchen ihre Vorderpfoten aus, und Hemingway bemerkte, dass sie links und rechts jeweils sechs Zehen besaß. Was für ein bildhübsches Tier!

In der Seefahrt war es lange Zeit üblich gewesen, eine Schiffskatze mit an Bord zu nehmen. Die Katze vertrieb Mäuse und Ratten aus den Vorratslagern und diente als Maskottchen, weswegen sie selbst von den härtesten Raubeinen gut behandelt wurde. Die Seeleute schätzten insbesondere Katzen mit sechs Zehen, weil die Tiere besser klettern und jagen konnten als ihre normal ausgestatteten Artgenossen. Selbst auf stark schwankenden Schiffsplanken hielten sie sich problemlos auf den Beinen. Vor allem aber brachten sie Glück, so glaubte man, und das konnte man auf hoher See immer gut gebrauchen.

Dass jener Schiffskapitän in Sloppy Joe's Bar sich von Schneewittchen trennte, um sie Hemingway zu schenken, war ein großer Freundschaftsbeweis. Der Schriftsteller wird sich der Ehre bewusst gewesen sein, jedenfalls nahm er die weiße Katze in seinen Haushalt auf und sorgte dafür, dass sie Gesellschaft bekam, vorzugsweise mit sechs Zehen. Das Polydaktylie-Gen zieht sich bis heute durch die Katzenkolonie. Etwa die Hälfte der Katzen, die hier durch Haus und Garten stromern, tapst auf Mehrzehen-Pfoten.

Hemingway liebte die Abwechslung und suchte sie an den unterschiedlichsten Orten in Amerika, Europa und Afrika. In Key West war der preisgekrönte Autor, der schon zu Lebzeiten zur Legende wurde, für elf Jahre zu Hause – wenn auch häufig nicht anzutreffen. Das Museum in der Whitehead Street zieht jedes Jahr Tausende von Besuchern an, und wer sich in die Zeit von Papa Hemingway zurückversetzen möchte, kann in Sloppy Joe's Bar gehen – es gibt sie tatsächlich noch! – und ein hochprozentiges Getränk schlürfen.

Und was sagen die Katzen dazu? „Dass der Mann so berühmt geworden ist, daran haben wir einen nicht unwesentlichen Anteil!", würden sie betonen. „Unsere Vorfahren haben ihn mit ihren possierlichen Spielen erfreut, ihn zu seinen besten Ideen inspiriert, ihn getröstet, wenn er düsterer Stimmung war, und heute trägt unsere Schar dazu bei, die Erinnerung an ihn wachzuhalten."

Papa Doble – Daiquiri wie bei Hemingway

Zutaten für 1 Cocktail:

60 ml weißer Rum
20 ml frischer Limettensaft
15 ml frischer Grapefruitsaft
15 ml Maraschino-Likör
Einige Eiswürfel
1 Limettenscheibe

Zubereitung:
Alle Zutaten mit Eiswürfeln in einen Cocktailshaker geben und ca. 20 Sekunden lang gut durchschütteln. Durch ein Sieb in eine gekühlte Cocktailschale füllen, mit einer Limettenscheibe garnieren und servieren.

Papa Hemingway ließ sich diesen Daiquiri mixen, wenn er sich in Havanna aufhielt. Weil er Diabetiker war, verzichtete er auf den sonst üblichen Zuckersirup und ersetzte ihn durch Grapefruitsaft und Maraschino-Likör. „Papa Doble" wird der Cocktail genannt, weil er die doppelte Menge Rum enthält.

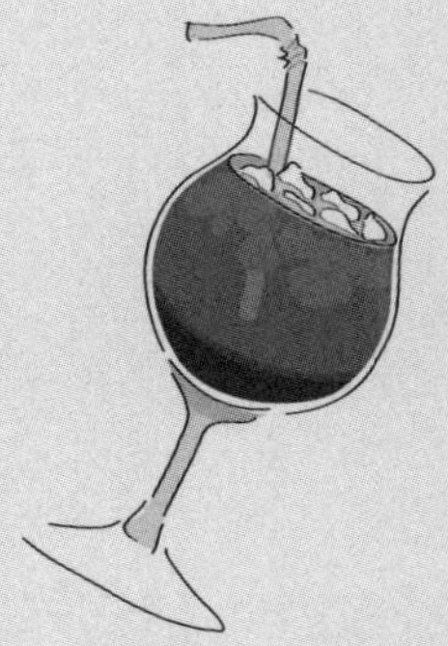

Große Klappe, spitze Zähne – die Alligatoren in den Everglades

Beute? Oder Bedrohung? Mit einem aufmerksamen Blick in unsere Richtung hakt das Reptil seine Checkliste ab. Es gelangt zu der Erkenntnis, dass wir beides nicht sind, weder seine nächste Mahlzeit noch ein potenzieller Angreifer, und fährt fort, träge in der Sonne zu dösen. Aber mit offenen Augen, man weiß ja nie.

„Ihr solltet mindestens viereinhalb Meter Abstand von den Tieren halten", hat der Ranger im Besucherzentrum des Nationalparks gesagt und uns dabei mit einem ernsten Gesichtsausdruck angeschaut. Als hätte er den Verdacht, wir würden es auf einen Zweikampf mit einem ausgewachsenen Alligator anlegen. Nein, wir wollen den Kerlen mit dem beeindruckenden Gebiss keineswegs zu nahe treten, schließlich sind die Everglades kein Streichelzoo.

Am Eingang des Shark Valley Visitor Center haben wir uns Fahrräder ausgeliehen, um den Rundkurs zum Aussichtsturm und wieder zurück zu fahren. Die Strecke ist ein Paradies für Naturfotografen! Den Auftakt bildet eine Kolonie von Florida-Schmuckschildkröten. Sie recken ihre schwarzgelb gestreiften Hälse nach oben, denn direkt über ihnen im Geäst des Dickichts schaut ein großer Vogel mit spitzem Schnabel auf sie herab. Freund oder Feind? „Ich trau dem Typ nicht", scheint die eine Kröte zur anderen zu sagen.

Fünfzig Meter weiter schiebt sich ein beeindruckend langes Reptil mit schwarzgrauem Schuppenpanzer am Ufer eines Wassergrabens entlang – unser erster Alligator. Was für ein Erlebnis, diese Tiere in ihrer natürlichen Umgebung zu beobachten, ohne trennende Gitter und Zäune! Da liegen sie im Gras am Wegrand oder, weil es auf Asphalt so schön warm ist, auch einmal quer über dem Weg. Für die Herren der Everglades gelten keine Verkehrsvorschriften, und wer an ihnen vorbei will, weicht respektvoll aus.

Was müssen die Gators, wie man sie hier kurz und knapp nennt, für ein friedliches Gemüt haben, dass die Parkverwaltung es riskiert, Besucher in ihre Nähe zu lassen! Dabei sehen die Reptilien weder niedlich noch kuschelig aus, und kaum jemand wird in die Versuchung kommen, sie zu streicheln. Sie schnappen sich jedes kleinere Tier, das ihnen über den Weg läuft, und verspeisen es komplett, mitsamt Knochen und Zähnen, Fell, Federn oder Panzer.

Wir Menschen jedoch gehören nicht in ihr Beuteschema, zumindest auf festem Boden. Anders sähe es im Wasser aus, da könnte es gelegentlich zu Missverständnissen kommen. Woher soll der Alligator wissen, dass an einem Arm, der als appetitlicher Leckerbissen genau vor seiner Nase herumschwimmt, noch ein Mensch hängt?

Fürsorgliche Mütter

Irgendeiner der frühen spanischen Entdecker muss einmal ausgerufen haben: „El lagarto!“, glaubte also, eine Art Eidechse vor sich zu haben. Die Bezeichnung verbreitete sich, und so erhielt das Riesenreptil seinen Namen. Der Mississippi-Alligator gehört zur Familie der Krokodile, und die Ähnlichkeit ist unverkennbar. Doch wer genau hinschaut, entdeckt auch

Unterschiede: Der Amerikaner hat eine breite, U-förmige Schnauze im Gegensatz zu seinen Verwandten mit den spitzen Schnauzen. Und bei geschlossenem Maul sind nur die Zähne seines Oberkiefers sichtbar, sodass man den Eindruck bekommt, er würde grinsen. Die echten Krokodile dagegen zeigen beide Zahnreihen – was noch abschreckender aussieht.

Mit diesen Tieren ist wahrlich nicht zu spaßen! Eine Datenbank mit dem Namen CrocBITE verzeichnet weltweit die Angriffe durch Krokodile, und daraus geht hervor, dass die deutlich aggressiveren Nilkrokodile wesentlich häufiger zuschlagen als die Mississippi-Alligatoren. Die leben offenbar nach dem Prinzip: „Bevor ich mich aufrege, ist es mir lieber egal.“ Die Trägheit ist auf ihren langsameren Stoffwechsel zurückzuführen, was vor allem bedeutet, dass das Verdauungsgeschäft viel Zeit in Anspruch nimmt.

Dennoch sollte man sich hüten, die Kerle zu unterschätzen. Einem Gator-Mann in Paarungslaune kommt man besser nicht in die Quere – und schon gar nicht Mama Gator mit ihren Kleinen. Liebevoll und fürsorglich kümmert sie sich um ihren zahlreichen Nachwuchs. Nach der Paarungssaison im Frühjahr hat sie aus Erde, Gras und Laub ein Nest gebaut und etwa 20 bis 50 Eier hineingelegt. „Quäk! Quäk!“, ertönt es, wenn ein Junges geschlüpft ist. Dann macht sich das Kleine, gerade mal 24 Zentimeter lang, umgehend auf den Weg zu seiner Mutter, überwindet die sonst so tödlichen Hauer und krabbelt ihr ins Maul. Mit dem mütterlichen Taxi geht es dann ins Sumpfland, wo Babymahlzeiten in Form von Würmern oder Schnecken warten.

Anfangs tragen die Jungen noch eine schützende Tarnung aus gelblichen Streifen, sodass sie in Schilf und Gras kaum zu sehen sind. Ein ausgewachsener Alligator mit seinen etwa 3 bis 3,5 Metern Länge steht zwar an der Spitze der Nahrungskette, doch in seiner Kindheit braucht so ein kleines Reptilchen schon eine Menge Glück, um von Fressfeinden wie Waschbären, großen Fischen und Vögeln oder sogar anderen Alligatoren nicht aufgespürt zu werden. Ein ganzes Jahr lang hütet die Mutter ihre Kinderschar, und manchmal sieht man Mini-Echsen, die es sich auf Mamas Rücken gemütlich gemacht haben und dort ein Sonnenbad nehmen. Trotz aller Vorsicht und Fürsorge erreichen aus dem großen Gelege aber nur wenige Junge ihren ersten Geburtstag.

Ein paar Vertreter der Alligator-Jugend lümmeln sich unten am Fuße des Aussichtsturms in der Sonne, hier allerdings mit Sicherheitsabstand zu den Parkbesuchern. Die schwarze Schuppenhaut der Jungtiere glänzt im hellen Licht wie frisch poliert. Da die Stars des Nationalparks die meiste Zeit mit ihrer Verdauung beschäftigt sind, also nicht viel Action bieten, habe ich genug Zeit, die Wasservögel zu beobachten.

Am Straßenrand ist ein schneeweißer Silberreiher aufgetaucht, der soeben einen kleinen Wels gefangen hat. Mit der noch zappelnden Beute im Schnabel steht er da, als würde er auf den Bus warten. Dann scheint ihm etwas einzufallen, und er rennt mit ausgreifenden Schritten über die Straße, um im Gebüsch gegenüber zu verschwinden.

Ich bin immer wieder fasziniert, wie perfekt der Körperbau dieser Vögel der Umgebung angepasst ist. Ob Reiher, Waldstorch oder Ibis, sie alle staksen auf langen, bleistiftdünnen Beinen durch das flache Wasser der sumpfigen Landschaft. Mit dem langen, biegsamen Hals beugen sie sich ganz bequem hinunter, und der ebenfalls lange Schnabel stößt blitzschnell ins Wasser, um die Beute herauszugreifen. Moment mal – hat sich der graue Reiher da etwa ein Alligatorbaby geschnappt? Nein, jetzt im Spätwinter sind die Jungen schon kräftig herangewachsen und keine schnelle Mahlzeit mehr für Wasservögel.

Gut so, schließlich hat sich Mama Alligator viel Mühe mit ihnen gegeben!

Ein erstaunlicher Fluss

„There are no other Everglades in the world", so steht es im Flyer des Nationalparks. Diese Naturlandschaft ist tatsächlich mit keiner anderen zu vergleichen, ein traumhaft schönes, einmaliges Juwel voller Magie. Das tropische Marschland der Everglades erstreckt sich vom Lake Okeechobee im Norden über die ganze Südspitze Floridas, umfasst im Westen die Welt der Thousand Islands am Golf von Mexiko und im Süden einen Teil der Florida Bay. Ein riesiges Feuchtgebiet, von dem nur 20 Prozent als Nationalpark geschützt sind. Hier wächst und gedeiht, flattert, schwimmt und wuselt das Leben in einer ungeheuren Vielfalt.

Wie hat die Natur diese einzigartigen Bedingungen geschaffen? Es ist der geheimnisvolle „River of Grass", der Grasfluss, der den Lebensmotor der Everglades in Gang hält. Breit und gemächlich tritt er aus dem Lake Okeechobee heraus und nimmt seinen Weg nach Süden. So langsam, dass er als Fluss gar nicht zu erkennen ist: 400 Meter legt er zurück – an einem ganzen Tag! Auf einer Breite von 60 Kilometern füllt er Teiche, Gräben, Löcher und Sümpfe. In seinem ausgedehnten flachen Bett wachsen hoch und üppig verschiedene Arten von Sumpfgräsern – daher der Name Grasfluss.

Geprägt wurde die Bezeichnung von der Journalistin und Autorin Marjory Stoneman Douglas, die 1915 als junge Frau nach Miami gekommen war, um für den Miami Herald zu arbeiten. Sie fand hier nicht nur einen Job, sondern ihre Lebensaufgabe, denn als sie voller Staunen erkannte, was für ein einzigartiges Naturparadies sich praktisch vor ihrer Haustür ausbreitete, begann sie, sich für dessen Schutz einzusetzen, hartnäckig und in einem langen Kampf. 1947, im selben Jahr, als der Nationalpark errichtet wurde, veröffentlichte sie ihr Buch *The Everglades: River of Grass*, ein Bestseller zu seiner Zeit und heute ein Klassiker, der nach wie vor gelesen wird.

Und doch ist es nicht der Grasfluss allein, der die Besonderheit der Landschaft ausmacht, sondern vielmehr das komplexe Zusammenspiel der ineinander übergehenden Lebensräume: Wälder und Sümpfe, die Meeresküsten und der Bereich der Flussmündungen, die Übergangszonen zwischen Süß- und Salzwasser. Und das in einem Klima, das zwischen subtropisch und tropisch variiert.

Die Everglades schwingen im ewigen Rhythmus zweier Jahreszeiten. Die regenreiche Zeit von Mai bis November bringt Überfluss und Fülle hervor, dann folgen die Tiere dem Wasser und besetzen all die unzähligen Nischen, die sich ihnen nun bieten. In den trockenen Monaten dagegen konzentriert sich das Leben in und an den verbleibenden Tümpeln und Wasserlöchern.

Kleine weiße Wolken ziehen über den Himmel, lieblich spiegeln sie sich im Wasser. Die Kühle des Morgens ist der Mittagshitze des südlichen Floridas gewichen, und wir schwitzen auf unserer Fahrradtour. Auf einem Flecken Gras ruht sich ein Alligator aus, er ist offenbar nicht in Fresslaune. Über der Wasseroberfläche drehen Insekten leise surrend ihre Runden. Auf einmal breiten sich kreisförmig kleine Wellen aus. Wer dieses Muster verursacht hat, ist nicht zu erkennen. Das Treiben unter Wasser können wir nur erahnen.

Mittendrin steht unbeweglich ein grauer Kanadareiher, den schlangenartigen Hals gerade nach oben gereckt. Er wirft nur einen kurzen Blick auf die Wellenbewegung und entscheidet dann: nicht von Interesse. Nach einer Weile bringt er seinen

Hals in eine elegante S-Form. Und wartet in aller Ruhe weiter ab, dass sich da unten im Wasser etwas tut. Bloß keine Energie verschwenden!

Im flirrenden Wechsel von Licht und Schatten liegt eine träumerische Stimmung über der Szenerie. Es kommt mir vor, als hätte ich eine fremde Welt betreten, und vor meinen Augen entfaltet sich ein Schauspiel voller Leben. Wobei ich nur die auffälligsten Erscheinungen überhaupt wahrnehmen kann; der größte Teil, das kleine, feine Miteinander aller Bewohner jener Welt – in nüchternem Vokabular: des Ökosystems – bleibt mir verborgen.

Feste Pfade und Plankenwege ermöglichen es den Besuchern, die Wunder des Nationalparks zu entdecken. Wir sehen einen Fischadler, gut zu erkennen mit seinem typischen braunweißen Federkleid. Er sitzt auf seinem kunstvoll aus Zweigen errichteten Nest, und gerade in dem Moment, als wir hinschauen, beugt er sich mit einer zärtlichen Bewegung zu seinen Jungen hinunter – ein berührendes Familienbild.

Auf einem anderen Trail fallen uns Bäume auf, die mit ihrer vollkommen glatten, rotbraun glänzenden Rinde in der grünen Vegetation hervorstechen. Wie frisch lackiert sehen sie aus. Gumbo Limbo, Weißgummibaum, so heißt diese Baumart. Oft wird der Gumbo Limbo auch als Touristenbaum bezeichnet, weil sich seine rotbraune Rinde abschält wie die Haut eines sonnenverbrannten Touristen. Vor dem Aufkommen von formbarem Kunststoff hat man das leichte, weiche Holz des Baumes genutzt, um Karussellpferde daraus zu schnitzen.

Weil ich immer glücklich und fasziniert bin, wilde Lebewesen in ihrer ungezähmten Existenz betrachten zu dürfen – und das gilt nicht nur für Alligatoren –, freue ich mich auch über die Bromelien, die ich auf dem Westlake Trail sehe. Diese Gewächse haben beschlossen, in luftiger Höhe zu wurzeln, weil oben die Lichtverhältnisse deutlich günstiger sind als auf dem Boden. Sie leben deshalb als Epiphyten, auch Aufsitzerpflanzen genannt.

Es wäre aber unfair, ihnen vorzuwerfen, sie seien Schmarotzer, denn sie saugen ihren Wirtsbäumen nicht den Saft aus, sondern suchen nur Halt auf ihnen. Und so stecken die exotischen Schönheiten wie bunte Blumensträuße mitten im wilden Gewirr des Mangrovenstrauchwerks und recken ihre farbenprächtigen Blütenstängel kerzengerade nach oben. Dass der Blattansatz an Ananaspflanzen erinnert, ist kein Zufall, denn auch die Ananas gehört zu den Bromelien, hat es aber vorgezogen, ihre Wurzeln in sicherem Boden zu verankern.

Dies sind Momentaufnahmen aus einer zauberhaften Landschaft – doch deren Fortbestand ist seit Jahrzehnten bedroht.

Der Kampf ums Wasser

Florida mit seinem warmen, sonnigen Klima verzeichnet einen stetigen Zustrom von Menschen, die sich dauerhaft oder zumindest während der Wintermonate hier niederlassen möchten. Die dichtbesiedelte Metropolregion Miami im Südosten wächst ungebremst und hat inzwischen die 6-Millionen-Marke überschritten. Was bedeutet das für die Everglades?

Die Ureinwohner, die einst im Süden Floridas gelebt hatten, verstanden die Zusammenhänge des Ökosystems und gingen schonend mit den natürlichen Ressourcen um. Nicht so die fremden Einwanderer: In ihren Augen stellte das empfindliche Mosaik aus Feuchtgebieten, Grasland und Wald nur einen nutzlosen, insektenverseuchten Sumpf dar – mit großem Potenzial für Siedlungen und Landwirtschaft, wenn man das Landschaftsgefüge entsprechend umgestaltete. Und so wurden im Laufe der letzten 200 Jahre Straßen, Dämme und Deiche,

Kanäle und Schleusentore errichtet, um das Land zugänglich zu machen und den Lauf des Wassers zu regulieren. Mit der Folge, dass die Everglades anfingen auszutrocknen.

Naturschutzorganisationen wie Friends of the Everglades, von Marjory Stoneman Douglas noch im Alter von 79 Jahren gegründet, schlugen Alarm. Im Jahr 2000 wurde ein umfassendes Programm zur Rettung der Landschaft aufgelegt, der „Comprehensive Everglades Restoration Plan“. Der Plan beschreibt einen Rahmen und Leitlinien zur Wiederherstellung, zum Schutz und zur Erhaltung der Wasserressourcen in Zentral- und Südflorida, einschließlich der Everglades. Der Grasfluss soll wieder in seinem ursprünglichen Verlauf fließen dürfen. Dieses Ziel allerdings liegt noch in weiter Ferne, und die Begehrlichkeiten von Immobilienentwicklern und Agroindustrie sind nicht geringer geworden.

Und wie haben sich die Alligatoren in der Vergangenheit gehalten? Wie wir sehen, scheint es ihnen prächtig zu gehen. Früher aber wurden die Reptilien wegen ihrer Haut gnadenlos verfolgt, da doch jede Dame, die auf sich hielt, mit einem Kroko-Handtäschchen gesehen werden wollte. Was dazu führte, dass der Alligatorenbestand massiv einbrach. Inzwischen aber wird die Nachfrage nach Taschen, Schuhen und Gürteln durch Tiere aus kommerzieller Zucht befriedigt, und auch das Fleisch dieser Echsen findet Verwertung. In Form von saftigen Steaks brutzelt es auf so manchem Gartengrill.

Die wilden Verwandten schwimmen, wohin sie wollen, und so bleibt es nicht aus, dass sie versehentlich in einem privaten Pool landen. Ein Fall für das mobile Einsatzkommando, das beide Parteien rettet: den Eindringling und den Poolbesitzer mit seiner Familie. Wenn man die Schwachstelle der Alligatoren kennt, sind sie leicht zu fangen. Das Reptil kann zwar äußerst kraftvoll zubeißen, doch die Muskulatur, die dazu dient, das Maul aufzusperren, ist vergleichsweise schwach entwickelt. Deshalb wirft sich ein geübter Fänger auf den Rücken des Tieres und umwickelt die lange Schnauze blitzschnell mit Paketband. Damit ist der Gator außer Gefecht gesetzt und bereit zum Abtransport.

Und hoffentlich bringt man ihn dann in den Nationalpark. In das Paradies, wo die Echsenwelt noch in Ordnung ist.

Smoked Fish Dip – Räucherfisch-Dip

Zutaten für 4 Personen:

300 g geräucherte Meeräsche oder ein anderer geräucherter Weißfisch
120 g Frischkäse, fettreduziert
65 g Mayonnaise, fettreduziert
2 Jalapeños
1 unbehandelte Limette
¼ Tl Selleriesalz
½ Tl Paprikapulver (edelsüß)
1 Prise Muskat
½ Tl Senf
Salz und Pfeffer

Zubereitung:

Den Fisch von Gräten und Haut befreien und in kleine Stücke schneiden. Limettenschale abreiben und Limette auspressen. Die Jalapeños von den Samen befreien und kleinschneiden. Alle Rezeptzutaten in eine hohe Schüssel geben und mit dem Mixstab zu einer Creme pürieren. Mit Salz und Pfeffer abschmecken. Mit Crackern oder Tortilla-Chips servieren.

Der Räucherfisch-Dip ist eine beliebte Vorspeise in Florida. Wer sie besonders scharf mag, rührt noch einige Tropfen Tabasco unter die Creme und serviert eingelegte Jalapeños dazu.

Der wahre Jungbrunnen – Zitrusfrüchte unter der Sonne Floridas

Erinnert sich noch jemand an Florida Boy Orange, das Kultgetränk der siebziger Jahre? Ein Fruchtsaftgetränk mit Orangengeschmack ohne Kohlensäure, zu kaufen in Flaschen, Dosen, Tetra Paks oder Plastikbechern. „Mit natürlichem Vitamin-C-Gehalt“, betonte der Hersteller auf dem Etikett. Was nicht gelogen war, aber auch nicht sonderlich beeindruckend, bei einem Fruchtsaftgehalt von nur 24 Prozent. Der Rest bestand aus Wasser und viel zu viel Zucker. Schmeckte aber lecker!

In dem Werbespot kommt ein Junge, natürlich der Florida Boy, mit einem Handwagen in eine Orangenplantage und verteilt Flaschen mit eisgekühlter Limonade an die Arbeiter. Die fangen vor Begeisterung an zu tanzen, und alle sind supergut drauf. Der Boy wurde übrigens von dem jungen Lenny Kravitz gespielt, dem späteren Musiker und Schauspieler.

Das Getränk kam nicht aus Florida, ja, nicht einmal aus den USA. Die Produktwerbung sprach, wie so oft in jener Zeit, die Sehnsucht der Deutschen nach sonnenbeschienenen fremden Ländern an. Denn dort, so gaukelte man ihnen vor, war das Leben leichter und lustiger als zu Hause im regengrauen, spaßbefreiten Deutschland. Wer konnte sich damals schon einen Flug nach Florida leisten? Meine Freundin reiste mit ihren Eltern immerhin ins sonnige Italien, während meine Familie nur in die bayerischen Berge fuhr, wo wir an Badeseen lagen und uns von Mücken stechen ließen. Ab und zu, so erinnere ich mich, spendierte Papa uns eine Flasche mit der pappsüßen Kult-Limo. Das echte Florida aber lag für uns in unerreichbarer Ferne.

Die Orange gehört zum Sunshine State wie die Kartoffel zu Deutschland. Und so wie die braune Knolle ihren Weg von der Neuen Welt ostwärts nach Europa nahm, so reiste die orangefarbene Frucht in die umgekehrte Richtung. Die spanischen Eroberer des frühen 16. Jahrhunderts führten sie in ihrem Gepäck mit sich; ob nur als Wegzehrung oder von vornherein in der Absicht, die Kerne im Erdreich der Kolonien zu versenken, ist nicht überliefert.

Der Erste, der Orangenbäume in Florida pflanzte, soll der Entdecker Juan Ponce de León gewesen sein. Er war Gouverneur auf der Insel Puerto Rico gewesen und hatte vom spanischen König die Erlaubnis bekommen, die nördliche Karibik zu erkunden. Es gebe da eine Inselgruppe namens Bimini – heute ein Distrikt der Bahamas –, die noch weitgehend unerforscht sei. Mit einer aus drei Schiffen bestehenden Expedition stach Ponce de León Anfang März 1513 in See, doch auf den Bahamas kam er nicht an, da ein Sturm die Schiffe vom Kurs abbrachte. Im Nachhinein ein Glücksfall für ihn, denn so konnte er als Entdecker von Florida in die Geschichte eingehen.

Ponce de León segelte also über das offene Meer Richtung Nordwesten, und am 2. April 1513 erblickte er üppig grünes Land. „Es wird eine große Insel sein“, sagte er zu seinen Offizieren. „Nennen wir sie ‚La Florida‘.“ Es war nämlich gerade Osterzeit, und zu Hause in Spanien feierten die Leute „Pascua Florida“, „Fest der Blumen“, das Osterfest. Heute begeht man in Florida jedes Jahr Anfang April den Pascua Florida Day, zur Erinnerung an die Entdeckung der Halbinsel durch die Europäer.

Was trieb die Abenteurer der damaligen Zeit an? Es war vor allem die Gier nach kostbaren Schätzen und Reichtümern. Ponce de León jedoch, so erzählt es eine weitverbreitete Legende, sei außerdem auf der Suche nach dem sagenhaften Jungbrunnen gewesen, der dem, der davon trinke, ewige Jugend verleihe. Er fand ihn nicht, sondern starb im Alter von 47 Jahren durch einen vergifteten Pfeil. Im Jahr 1521 war Ponce de León noch einmal nach Florida zurückgekehrt, um eine spanische Kolonie zu errichten, doch die ortsansässigen Ureinwohner vom Volk der Calusa wehrten sich gegen die Eindringlinge und griffen zu Pfeil und Bogen. Das war das Ende des ambitionierten Entdeckers.

Was blieb, war sein Vermächtnis: die ersten Orangenbäumchen, die er in der Nähe von St. Augustine pflanzte. Hätte Ponce de León damals gewusst, dass Orangen viel gesundes Vitamin C enthalten, dann wäre ihm vielleicht gedämmert, dass er den wahren Jungbrunnen nicht in der Ferne zu suchen brauchte.

Eine unheimliche Bedrohung

Die Europäer brachten nicht nur Orangen, sondern auch Zitronen, Limetten und Grapefruits mit. Und Florida, mit seinem subtropischen Klima und der fruchtbaren, mit Sand durchsetzten Erde, schien geradezu auf die Bäume gewartet zu haben. In St. Augustine gediehen die Orangen in einer solchen Fülle, dass den Seeleuten im Frühling schon der Duft der Orangenblüten um die Nase wehte, wenn sie sich mit ihren Schiffen dem Hafen näherten. Die Orangenbäume wurden so allgegenwärtig in den Wäldern und Hainen, dass die Menschen sie bald als Teil der Naturlandschaft betrachteten. Waren die Bäume nicht immer schon da gewesen?

Doch dann geschah etwas, womit niemand gerechnet hatte. Anfang Februar 1835 wurde der Norden von Florida von einer verheerenden Kältewelle heimgesucht, mit Temperaturen, die auf bis zu minus 15 Grad Celsius sanken. Fassungslos mussten die Menschen in St. Augustine dabei zusehen, wie ihre geliebten Orangen- und Zitronenbäume vom Kältetod ereilt wurden. Überall in den Gärten reckten abgestorbene Obstbäume ihre kahlen schwarzen Äste in den grauen Winterhimmel. „Noch nie hatte ein Ort so trostlos ausgesehen", erinnerte sich später ein Bewohner.

In den darauffolgenden Jahren zogen mehr und mehr Zitrus-Farmer südwärts ins mittlere Florida und legten dort ihre Plantagen an, vorzugsweise in der Nähe größerer Flüsse und Seen, damit sie ihre Produkte auch in weiter entfernte Städte verschiffen konnten. Zeit spielte eine große Rolle, denn wenn eine Kiste mit Orangen nicht innerhalb weniger Tage beim Kunden ankam, dann war die Ware verdorben. Aus diesem Grund gelangten die Früchte kaum aus Florida hinaus. Während sie dort täglich den Alltag versüßten, hatten die meisten Amerikaner noch nie eine Orange geschält und deren saftiges Fruchtfleisch gekostet. Das änderte sich erst in den 1860er Jahren, als Florida Anschluss an das Eisenbahnnetz der USA erhielt.

Jetzt, da sich neue Märkte öffneten, lohnte es sich für die Farmer, weitere Bäume zu pflanzen und den Anbau von Zitrusfrüchten in großem Stil zu betreiben. Bald erreichte die jährliche Ernte die Zahl von einer Million Kisten, wobei jede einzelne mit 35 bis 40 Kilo Früchten gefüllt war, je nach Sorte. Eine Kiste voll ist auch heute noch die gängige Einheit, die Produktionsmenge zu berechnen. Im Jahr 1893 zählte man

5 Millionen Kisten, 1915 waren es 10 Millionen, und 1950 verkauften die Farmer bereits 100 Millionen Kisten voll. In amerikanischen Haushalten hielt eine neue Gewohnheit Einzug, unterstützt durch die Werbung: „Frühstück ohne Orangensaft ist wie ein Tag ohne Sonnenschein!"

Durch den Anbau der Früchte konnte sich der südöstliche Ausläufer der USA zu einem modernen, wirtschaftlich erfolgreichen Bundesstaat entwickeln. Weil man der Orange so viel zu verdanken hat, wurden die duftende weiße Blüte, die Frucht und der Saft in den Rang staatlicher Symbole erhoben, und zwei Orangen repräsentieren den Sunshine State auf den Nummernschildern der Autos.

Was für eine Erfolgsstory! Doch die Entwicklung verlief lange nicht so geradlinig, wie es auf den ersten flüchtigen Blick aussieht, sondern war und ist von gravierenden Rückschlägen geprägt. Im Laufe der Jahrzehnte setzten weitere Frostperioden den Zitrusplantagen zu, mit der Folge, dass viele Farmer ihre Betriebe aufgeben und ihr Land verkaufen mussten – zur Freude der Immobilienentwickler, die dort Wohnhäuser, Apartmentanlagen und Shopping-Center errichteten. Zwar gibt es überall in Florida Orangenhaine, doch das Hauptanbaugebiet mit den großen gewerblichen Plantagen hat sich ein weiteres Mal nach Süden verschoben.

Die Florida-Orange hält sich seit Jahrhunderten, sie hat Kälte und Hurrikans, diverse Schädlinge und die Folgen von Kriegen und Wirtschaftskrisen überdauert. Doch jetzt ist sie ernsthaft in Gefahr. Eine unheilbare Krankheit namens „Citrus Greening" befällt die Bäume, die schlimmste Bedrohung, seit Ponce de León die ersten Bäumchen gepflanzt hat. „Eine Katastrophe!", klagen die Farmer.

Die Krankheit ist auch als „Gelber Drache" bekannt, weil sie erstmals in China entdeckt wurde. Nachdem sie schon eine

Schneise der Verwüstung in den Orangenhainen von China und Brasilien gezogen hatte, trat sie 2005 erstmalig in Florida auf, ausgelöst durch ein Bakterium, das von einem winzigen fliegenden Insekt namens Psyllid verbreitet wird.

Das Monster im Kleinstformat schaffte es in nur drei Jahren, den größten Teil der Zitrusplantagen heimzusuchen. Wenn es zuschlägt, dann werden die Orangen unförmig und bitter, und die befallenen Bäume sterben schließlich ab. Noch immer suchen die Forscher fieberhaft nach einem Heilmittel. Vorerst bleibt nur, die Plage einigermaßen unter Kontrolle zu halten. Die Farmer achten auf strenge Hygiene, damit Psyllid sich nicht unerkannt einschleicht, und wenn es doch passiert, müssen die kranken Bäume abgeholzt und verbrannt werden.

Dennoch, die Florida-Orange ist noch lange nicht am Ende. In der Saison 2020/21 haben die Farmer 57 Millionen Kisten mit Orangen ernten können, ohne all die anderen Zitrusfrüchte. Ja, die Zahl war früher einmal höher, aber auch schon deutlich geringer. Der Ertrag ist genauso wenig vorhersehbar wie das Wetter.

Und immer noch sieht man Straßenstände mit Orangen. Viele Leute haben ihren Lieblingsstand, wo sie sich regelmäßig mit den prallen Früchten eindecken. Dann plaudert man ein wenig mit dem Händler, den man vielleicht schon lange kennt, und genießt dabei einen frischgepressten Orangensaft. So wie bei Robert – der aber ist nicht einfach nur ein Obsthändler, sondern eine Institution!

Robert ist da

Die Geschichte von Floridas bekanntestem Obst- und Gemüsestand begann im Jahr 1959, als Roberts Vater einen Tisch am Straßenrand aufstellte und ihn mit Salatgurken frisch von seinen Feldern belud. Um die Leute auf seine Produkte aufmerksam zu machen, schrieb er den Satz „Robert Is Here“ auf ein großes Schild. Robert war sein siebenjähriger Sohn, und der bezog nun mit wichtiger Miene Stellung hinter dem Tisch, um Papas Gurken zu verkaufen. Schon am Mittag hatte der geschäftstüchtige Junge die Ware komplett an den Mann gebracht. Oder vielmehr: an die einkaufenden Hausfrauen, die den Kleinen gleich ins Herz schlossen. An diesem Tag erhielt der Stand seinen Namen: Robert Is Here. Und Robert ist immer noch da, er arbeitet nach wie vor im Familienbetrieb.

Der Obst- und Gemüsestand ist heute in einer Art Scheune untergebracht, einem großen langgestreckten Gebäude, das strategisch günstig an einer Straßenkreuzung am Stadtrand von Homestead liegt, südwestlich von Miami. Hier zweigt die State Road 9336 zum südlichen Teil der Everglades ab. Kaum einer der Touristen wird den Stand übersehen, da doch oben auf dem Dach in riesigen weißen Lettern der Firmenname prangt: Robert Is Here.

Der Betrieb ist auf exotische Obst- und Gemüsesorten spezialisiert, die zum größten Teil aus eigenem Anbau stammen. Familien finden hier ein attraktives Ausflugsziel vor, mit Picknicktischen, Spielplatz und einer Farm mit Tieren. An den Wochenenden können die Besucher sogar Livemusik hören.

Es ist Samstagnachmittag, und bei Robert drängen sich die Menschen um die schön drapierten Berge aus farbenprächtigen tropischen Früchten. Vor dem Counter, wo man sich exotische Milkshakes bestellen kann, hat sich eine lange Schlange gebildet.

Fasziniert betrachte ich eine ovale, grasgrüne Frucht mit einer stacheligen Schale. „Guanabana“, lese ich stirnrunzelnd. „Nie gehört.“ Ein Schild liefert die entsprechende Erläuterung: „Zergeht auf der Zunge wie Zuckerwatte. Es ist praktisch unmöglich zu erklären, wie wunderbar sie schmeckt.“ Später erfahre ich, dass die Guanabana auf Deutsch Stachelannone heißt, aber mit dem Namen kann ich genauso wenig anfangen.

Ananas, Mangos, Papayas und dergleichen gibt es ja auch in deutschen Supermärkten zu kaufen, aber wer hat schon einmal von Früchten mit so fremdartigen Namen wie Black Sapote oder Mamey Sapote gehört? Viele dieser Sorten eignen sich nicht für lange Transporte, und deshalb sind sie bei uns kaum zu bekommen.

Ich nehme ein paar Orangen, klar, das muss sein, aber ich will auch etwas Besonderes kaufen. Jackfruit? Nein, die ist riesig. Sie sieht aus, als könnte man eine Familie drei Tage lang damit ernähren. Ich entscheide mich für eine Mamey Sapote. Die ist nämlich schon halbiert, und ich kann das Innere sehen. Weiches rotes Fruchtfleisch – hm, lecker! Eine dieser Hälften kostet mal eben 10,20 Dollar. Was für ein Luxus! Mamey Sapote, das klingt wie ein Gangstername, finde ich. Mamey Sapote raubte Bank aus, erschoss drei Geiseln und ist seitdem auf der Flucht, würde dann in der Zeitung stehen.

Ich lasse meinen Blick über das Gelände schweifen. Etwas fehlt mir noch in diesem Bild: Gleich müsste ein Junge mit einem Handwagen um die Ecke kommen, beladen mit Flaschen voller Florida Boy Orange, eiskalt und pappsüß. Kennt man hier aber nicht. Ob ich Robert mal einen Tipp gebe? Das könnte der Renner werden!

Florida Tropical Fruit Salad – Tropenfruchtsalat

Zutaten für 4 Personen:

2 Drachenfrüchte
2 Mangos
1 Avocado
1 Papaya
2 Orangen
2 Key Limes oder Limetten
1 El Orangensaft
2 El Orangenblütenhonig

Zubereitung:

Drachenfrüchte, Mangos, Avocado und Papaya schälen und in Würfel schneiden. Orangen schälen und in Spalten teilen, dabei den Saft auffangen. Alles in einer großen Schüssel vermischen. Limetten auspressen und den Saft mit Honig und Orangensaft verrühren. Über den Obstsalat geben und vorsichtig unterheben. Gekühlt servieren. Schmeckt hervorragend mit Vanilleeis!

Kunst aus dem Kofferraum – die Florida Highwaymen

„Du hast großes Talent, Alfred! Wenn du mehr lernen möchtest, kann ich dir Privatstunden geben. Was hältst du davon?"

Alfred blickte von dem Bild auf, an dem er gerade malte. „Das wäre toll, Mrs. Jefferson!"

Zanobia Jefferson lächelte, als sie das Strahlen in den Augen ihres Lieblingsschülers sah. Sie arbeitete als Kunstlehrerin an der Lincoln Park Academy, der Highschool für Afroamerikaner in Fort Pierce im Osten Floridas. Alfred Hair gehörte zu den Besten seines Jahrgangs. Er tat sich nicht nur in Sport und Mathematik hervor, sondern zeigte darüber hinaus eine herausragende künstlerische Begabung.

Der Entfaltung dieses Talents waren enge Grenzen gesetzt – einzig und allein aus dem Grund, weil der Junge eine schwarze Hautfarbe hatte.

Alfred Hair war 1941 auf die Welt gekommen, zu einer Zeit, als in den Südstaaten der USA noch die sogenannten Jim-Crow-Gesetze galten. Sie wurden in den siebziger Jahren des 19. Jahrhunderts eingeführt und zielten darauf ab, die Bürgerrechte der schwarzen Bevölkerung zu beschneiden und ihre politische und wirtschaftliche Teilhabe einzuschränken. Allein die Bezeichnung drückte eine Diskriminierung aus: Jim Crow, so nannten die Weißen die Klischeefigur des tanzenden, singenden Schwarzen.

Die Gesetze ordneten an, dass an allen Orten, die der Allgemeinheit zugänglich waren, eine strikte Rassentrennung einzuhalten sei. Ob in Schulen, Bibliotheken, öffentlichen Verkehrsmitteln oder Restaurants, überall wurde nach schwarz und weiß sortiert. Ja, sogar wer eine öffentliche Toilette benutzen wollte, musste nach Schildern Ausschau halten, die mit „White only" und „Colored only" die Richtung wiesen.

Getrennt, aber gleichberechtigt, so lautete der Grundsatz. Doch die Einrichtungen für Afroamerikaner waren unterfinanziert, von minderer Qualität oder erst gar nicht vorhanden. Nach langem Kampf konnte die Bürgerrechtsbewegung endlich durchsetzen, dass die Benachteiligung durch das Gesetz aufhörte: mit dem Civil Rights Act (Bürgerrechtsgesetz) von 1964 und dem Voting Rights Act (Wahlrechtsgesetz) von 1965.

Heute hätte ein begabter junger Künstler wie Alfred Hair die Chance, an einer Kunstakademie zu studieren, doch davon konnten die jungen Schwarzen der damaligen Zeit nur träumen. Zanobia Jefferson suchte nach einer anderen Möglichkeit für Alfred. „Ich werde Bean Backus ansprechen", beschloss sie und griff zum Telefon.

„Bean, an meiner Highschool gibt es einen Schüler mit großem künstlerischen Talent. Ich habe ihm alles beigebracht, was ich kann, doch jetzt wird es Zeit, dass er von einem Profi-Maler lernt. Könntest du ihn unterrichten?"

Albert Ernest Backus, genannt Bean, war ein Landschaftsmaler und Werbegrafiker, der in Fort Pierce lebte und bereits eine erfolgreiche Karriere vorweisen konnte. Der freundliche, gesellige Mann mit dem dichten, inzwischen ergrauten Haarschopf gehörte zur weißen Bevölkerung, doch Hautfarben interessierten ihn nicht. Für ihn zählte, ob jemand bereit war, hart zu arbeiten. „Talent ist ein Geschenk", pflegte er zu sagen. „Worauf es letztlich ankommt, ist, was wir daraus machen." Er hatte schon viele junge Künstler in die Feinheiten der Malerei eingeführt, und als Alfreds Lehrerin ihn anrief, musste er nicht lange überlegen. „Schick den Jungen mal rüber, damit ich ihn kennenlernen kann."

Haustürgeschäfte

Begierig sog Alfred den Geruch der Farben ein. Er liebte die Atmosphäre im Atelier des Meisters, wo in jedem Augenblick mit wenigen Pinselstrichen etwas Neues entstehen konnte. Licht und Schatten faszinierten ihn und wie man beides in feinsten Abstufungen einsetzte, um die gewünschte Wirkung zu erzielen. Unermüdlich übte er, die Schattierungen des Sonnenuntergangs einzufangen, dieses zauberische Naturpanorama, das der Himmel jeden Abend in glühenden Farben neu komponierte, um es dann mit dem Dunkel der Nacht zu übermalen.

Nach seinem Highschool-Abschluss schrieb sich Alfred am Lincoln Park Junior College in Fort Pierce ein, einer Art Berufsschule, brach das Studium aber nach dem ersten Semester ab, um sich ganz seiner Künstlerkarriere zu widmen. Die allerdings würde bei ihm anders verlaufen als bei Bean Backus, so viel war ihm klar. Die Kunstszene mit ihren Galerien und Ausstellungen blieb den Weißen vorbehalten, also musste er einen anderen Weg finden, sich einen Kundenkreis aufzubauen. Alfred war jung, zuversichtlich und voller Energie. Und fest entschlossen, eines Tages Millionär zu sein, spätestens mit 35 Jahren.

Bei Bean Backus, dessen Tür für Menschen unterschiedlichster Herkunft offenstand, lernte Alfred einen anderen schwarzen Künstler kennen, Harold Newton. Der Selfmademan hatte sich seine Fertigkeiten selbst beigebracht und malte ebenfalls Landschaftsbilder, weil es dafür einen Markt gab.

„Ich fahre die Küstenstraße entlang, mit meinen Bildern im Kofferraum, und die verkaufe ich dann für kleines Geld an den Haustüren“, erzählte Newton. „Wichtig ist, dass du schnell produzierst, sonst wirst du zu wenig verdienen, um deinen Lebensunterhalt davon zu bestreiten.“

Das klang vielversprechend! Alfred bereitete nun eine ganze Kollektion von Ölgemälden vor, die in kräftigen, leuchtenden Farben Impressionen aus dem Süden Floridas zeigten. Dann startete er zu seiner eigenen Verkaufstour. Der Erfolg überraschte ihn selbst. Den Leuten, an deren Türen er klopfte, gefiel der höfliche, gut gekleidete junge Mann, und noch mehr gefielen ihnen seine Bilder. Noch nie hatten sie das Land mit den Augen eines Künstlers betrachtet, noch nie die berührende Schönheit der Natur in solcher Intensität wahrgenommen. Und 30 Dollar für ein Bild, ja, das konnte man sich schon mal leisten.

An den Gemälden hingegen, die die Galerien im Auftrag von Albert Backus verkauften, steckten Schilder, die Preise von mehreren hundert Dollar auswiesen. Der Maler bekam, was er verlangte, weil er eine weiße Hautfarbe hatte.

Ein selbstbestimmtes Leben

In den darauffolgenden Jahren perfektionierte Alfred seine Kunstproduktion. Jeden Tag stand er in seiner Werkstatt und arbeitete an 20 bis 30 Landschaftsbildern gleichzeitig. Statt teurer Leinwand benutzte er Holzfaserplatten oder Pappe aus dem Baumarkt, und die Rahmen baute er aus Dekorleisten zusammen, die er mit Gold- oder Silberfarbe bestrich. Im Laufe der Zeit konzentrierte er sich mehr und mehr auf die Kunst, während Freunde und Verwandte die handwerklichen Tätigkeiten und das Haustürgeschäft übernahmen. Je nach

Größe kostete ein Bild 25 bis 35 Dollar, und wenn der Kunde es in seinem Wohnzimmer aufhängte, war oftmals die Farbe noch nicht ganz trocken – was den Glanz und den Eindruck nur verstärkte.

Alfreds und Harolds Erfolge sprachen sich herum und regten eine Reihe von jungen afroamerikanischen Künstlern an, das gleiche Geschäftsmodell zu wagen. So bildete sich eine lose Gruppierung von Kunstmalern, wobei Alfred der Einzige unter ihnen war, der in diesem Metier eine solide Ausbildung durchlaufen hatte. Sie alle teilten Wissen und Erfahrung miteinander, lernten dazu und malten mit Hingabe und der notwendigen Effizienz die Landschaften Südfloridas, ihrer Heimat.

Ein selbstbestimmtes Leben – und deutlich besser, als für geringen Lohn auf den Zitrusplantagen zu schuften, wie es die weiße Gesellschaft für junge Schwarze vorsah.

Mit ihren Pinseln ließen sie Sonnenuntergänge, friedvolle Strandszenen und schaumgekrönte Meereswellen vor dramatischer Himmelskulisse entstehen, vom Wind zerzauste Palmen, das üppige Grün der Everglades und die mächtigen „royal poinciana trees", Flammenbäume, mit ihren auffallenden roten Blüten. Impressionistisch anmutende Werke, schnell, aber nie nachlässig gemalt.

Wer nicht selbst von Haustür zu Haustür ziehen wollte, gab seine Bilder einem Künstlerkollegen mit, der diesen Job für ihn übernahm.

Ein begnadeter Verkäufer war Al Black. „Ich weiß einfach, wie man mit den Leuten reden muss", sagte er immer. Jede Woche kreuzte er über die Highways, um an die Türen von Ärzten, Anwälten und Immobilienmaklern zu klopfen, praktisch bei jedem, der Interesse haben könnte, sein Büro mit Impressionen aus Südflorida zu verschönern. Wenn ein

Bild beim Transport Macken bekam, mixte Al die passenden Farben zusammen und besserte den Schaden geschickt wieder aus. Und irgendwann begann er schließlich, eigene Bilder zu malen.

Alfred Hair hatte in der Zwischenzeit geheiratet und mit seiner Frau Doretha, einer Lehrerin, vier Kinder bekommen. Der Künstler pflegte den Lebensstil eines erfolgreichen Geschäftsmanns, leistete sich ein eigenes Boot und unternahm Urlaubsreisen mit der Familie. Seine Anzüge kaufte er passend zu seinen Autos, und immer hatte er ein Bündel Dollarscheine in der Tasche, die er großzügig an diejenigen verteilte, die einen Zuschuss gebrauchen konnten. Ebenso wie bei seinem Mentor Backus gingen auch in seinem Haus ständig Freunde aus und ein, wie magisch angezogen von der kreativen Atmosphäre.

Alfred hatte den amerikanischen Traum für sich verwirklicht, trotz aller Widerstände in den Zeiten des Jim-Crow-Unrechts. Und sicher wäre es ihm gelungen, das ersehnte Ziel zu erreichen und Millionär zu werden – wenn das Schicksal nicht auf grausame Weise eingegriffen hätte.

Am Abend des 9. August 1970 fuhr Alfred mit einem Freund zu Eddie's Bar, um bei Billard und Bier den Tag ausklingen zu lassen. Nach einer Partie Billard kam es zum Streit mit einem Farmarbeiter. Der rannte voller Wut zu seinem Auto und holte eine Pistole. Alfred versuchte noch, die Bar zu verlassen, doch es war zu spät. Der Mann gab zwei Schüsse auf ihn ab und verwundete ihn schwer. Alfred starb kurz vor Mitternacht im Fort Pierce Memorial Hospital. Er wurde nur 29 Jahre alt.

Die ganze Stadt trauerte um den jungen Künstler. Ob schwarz oder weiß, es gab kaum jemanden, der ihn nicht kannte und bewunderte. Alfred Hair war ein Mensch mit einer besonderen Ausstrahlung gewesen, liebevoll und großzügig.

Nicht nur die Familie, auch die Künstlergruppe verlor mit ihm ihren pulsierenden Mittelpunkt. Mit seiner Energie hatte er sie alle mitgerissen und begeistert. Jeder von ihnen spürte schmerzlich die Leere.

Ein Bild für die First Lady

Die verbleibenden Mitglieder der Gruppe malten und verkauften ihre Landschaftsszenen in den Dörfern und Kleinstädten an den Highways bis in die achtziger Jahre hinein. Dort, wo die Zeit in der Sommerhitze stillzustehen schien und wo es für viele Bewohner eine willkommene Abwechslung bedeutete, wenn ein Maler bei ihnen anklopfte und ihnen seine farbenprächtigen Werke präsentierte.

Vom etablierten Kunstbetrieb blieben die Aktivitäten der Künstler nach wie vor unbeachtet. Bis 1995, als der Kunsthistoriker Jim Fitch einen Artikel für eine Kunstzeitschrift schrieb, in dem er die Künstler aus Fort Pierce als die „Florida Highwaymen" bezeichnete – und damit erhielt die Gruppe erstmals einen Namen. Kurz darauf folgte ein Artikel in der *New York Times*, der die neu entdeckten Highwaymen und ihre Geschichte würdigte. Die mediale Aufmerksamkeit entfachte das Interesse an den idyllischen Naturlandschaften Floridas wieder neu, die Nachfrage stieg rasant und ließ die Preise in die Höhe schnellen. Ein Bild, das damals für 30 Dollar zu haben war, wechselte nun für 5.000 Dollar den Besitzer.

Zu der Künstlerbewegung gehörten 25 Männer und eine Frau, Mary Ann Carroll. Brauchten die schwarzen Maler schon viel Mut, um ihre Kunst in den Mittelpunkt ihres Lebens zu stellen, so musste Mary Ann – als alleinerziehende Mutter von sieben Kindern – wohl doppelt so viele Hindernisse überwinden. Im Mai 2011 lud First Lady Michelle Obama die Malerin zum Lunch in den Congressional Club in Washington ein, und Carroll brachte ihr als Gastgeschenk ein Gemälde mit, das einen Poinciana-Baum am Flussufer zeigte.

Die Highwaymen wurden 2004 in die „Florida Artists Hall of Fame" aufgenommen, die Ruhmeshalle bedeutender Künstler und Künstlerinnen in Florida, denn die Gruppe hat zweifellos einen herausragenden Beitrag zur Kultur des Bundesstaats geleistet. Und dazu in einem sagenhaften Umfang: Die Künstler haben geschätzt 200.000 Gemälde in Umlauf gebracht.

Wenn Alfred Hair wüsste, zu welchen Preisen die Bilder heute gehandelt werden! Für ein Gemälde von Harold Newton bezahlte ein Sammler vor kurzem eine Summe von 42.000 Dollar.

Von den noch lebenden Highwaymen sind fast alle bei Pinsel und Palette geblieben. Inzwischen aber betreiben sie ihre kreative Arbeit mit mehr Sorgfalt – keiner von ihnen muss noch im Fließband-Tempo der frühen Jahre produzieren. Die eindrucksvollen Werke der Gruppe sind in immer wieder neuen Ausstellungen zu sehen, und im A.E. Backus Museum in Fort Pierce wurde vor ein paar Jahren eine eigene Abteilung für ihre Kunst eröffnet.

Die Menschen in Florida und überall im Land lieben die farbenprächtigen, stimmungsvollen Bilder – und sie lieben die Story der Highwaymen, ist sie doch eine typisch amerikanische Erfolgsgeschichte.

Boiled Peanuts – gekochte Erdnüsse

Zutaten für 4 Personen:

1 kg rohe Erdnüsse mit Schale

50 g Salz

Zubereitung:

Die rohen Erdnüsse gründlich waschen, in ein Sieb geben, noch einmal spülen und dann abtropfen lassen. Einen großen hohen Topf zu ¾ mit Wasser füllen, das Salz einrühren und die Erdnüsse hineingeben. Sie sollten vollständig mit Wasser bedeckt sein. Zum Kochen bringen, dann abdecken und bei mittlerer Hitze etwa 3 Stunden kochen lassen. Evtl. noch etwas heißes Wasser hinzufügen. Weiterkochen und etwa alle 15 Minuten probieren, ob die Erdnüsse bereits weich sind. Die fertigen Erdnüsse abgießen, etwas abkühlen lassen und noch warm mit der Schale servieren.

Zunächst kamen gekochte Erdnüsse nur bei afroamerikanischen Familien auf den Tisch, und erst nach dem Bürgerkrieg verbreitete sich das nahrhafte und gesunde Gericht auch in anderen Teilen der Bevölkerung. Heute werden gekochte Erdnüsse im Südosten der USA als Snack gegessen oder als Vorspeise serviert.

Lockruf der Sonne – von Snowbirds und Spring Breakers

Was für ein rasantes Hin und Her! Im Trupp rennen die Strandläufer mit ihren langen Beinen ins flache Wasser. Dann rollt eine Welle heran, und die ganze Gruppe saust wieder zurück. Spitze Schnäbel picken hektisch im nassen Sand. Würmchen, Schnecken, kleine Muscheln, für ihr Frühstück ist den flinken grauweißen Vögeln alles willkommen, was das Meer ihnen vor die Füße spült.

Die Strandläufer scheinen die einzigen Wesen hier zu sein, die eine solche Betriebsamkeit an den Tag legen. Wir sind in Naples, der Rentnerhochburg am Golf von Mexiko, und da haben die Leute es nicht so eilig. Die Stadt wurde gegen Ende des 19. Jahrhunderts gegründet. Schon vorher hatten die Zeitungen über das milde, sonnige Klima und den Reichtum an Fisch und Wild in dieser Region berichtet – wie am Golf von Neapel, nur noch schöner, schwärmten die Reporter. Und deshalb nannte man die neue Stadt Naples, auf Deutsch: Neapel.

Bei unserem morgendlichen Spaziergang an dem langen, feinsandigen Strand entlang sehen wir kaum einen Menschen. Das mag daran liegen, dass die für Naples besonders typischen Vögel, die Snowbirds, nicht gerne früh aufstehen und den Tag lieber langsam beginnen.

„Snowbirds“, Schneevögel, so nennt man in Amerika die Ruheständler, die in den Wintermonaten ihre kalte Heimat in Kanada oder den nördlichen Bundesstaaten der USA verlassen, um sich in südlichen Gefilden die Sonne auf die Haut brennen zu lassen.

Im Bad Ass Coffee, einem Café mit auffälligem Esel-Logo, treffen wir zwei Snowbirds, Carl und Alan. Die beiden alten Herren haben es sich auf den geblümten Polstermöbeln am Fenster bequem gemacht und trinken Cappuccino. Wir dürfen auf den Sesseln ihnen gegenüber Platz nehmen. Wo wir herkämen, fragen die Männer interessiert, und schon sind wir mit ihnen im Gespräch.

Alan, schlank, mit vollem weißen Haar und Schnurrbart, wohnt mit seiner Frau im US-Bundesstaat Minnesota, und da ist es jetzt, im Februar, lausig kalt. „Wir haben immer eine Menge Schnee", erzählt er, „dann müssen wir täglich die Einfahrt zu unserem Haus freischaufeln. Einmal, nach einem Blizzard, reichte der Schnee auf unserer Veranda bis zum Dach!" Alan ist Anfang siebzig, seine Frau arbeitet noch. Zurzeit ist er für zwei Wochen bei seiner Schwester zu Besuch.

Carl hat gar keine Haare mehr; es steht ihm gut. In seinem Gesicht fallen vor allem die wachen blauen Augen auf. Früher war er Lehrer für Englisch und Geschichte, und nebenbei, in den Ferien, arbeitete er als Radiojournalist. Wenn er nicht gerade in Florida weilt, wohnt er in Toronto, und auch da sind die Winter lang, frostig und schneereich. Seine Frau hält sich mit Walking fit, Carl dagegen bummelt lieber durch die Stadt, trinkt Kaffee und hat immer ein Buch dabei.

Dem ewigen Schneeschippen entgehen, nicht mehr das nasskalte Wetter ertragen, wenn die weiße Pracht schmilzt und sich in Matsch verwandelt, das ist ein großer Traum vieler Nordamerikaner jenseits der Sechzig. Zahlreiche Winterflüchter besitzen ein eigenes Domizil, andere wohnen zur Miete – und auch die muss man sich erst einmal leisten können! Wer die kostbaren Wochen in einem gut ausgestatteten Haus mit Pool verbringen möchte, vorzugsweise in Strandnähe, sollte bereit sein, für einen Monat mindestens 10.000 Dollar hinzulegen.

Auch auf dem Naples Pier dominiert an diesem Vormittag die Generation sechzig plus. Zwei betagte Ladies, beide mit sorgfältig frisierten weißen Haaren und pink bemalten Lippen, schieben plaudernd ihre Rollatoren über die Holzplanken. Ein paar Graubärte lehnen unter einträchtigem Schweigen am Geländer und halten ihre Angeln ins Wasser, die beliebteste Form der Männermeditation hierzulande. Wie ich an der Markenkleidung aus dem gehobenen Segment erkennen kann, überwintert in Naples ein gutbetuchtes Publikum. Zwar trägt man Freizeit-Outfit, doch das haben die Damen und Herren Rentner sicher nicht bei Walmart gekauft.

Wir laufen bis zum Ende des Piers, und als wir auf dem Rückweg wieder bei den Graubärten ankommen, hören wir, wie sie sich zum Golfspielen am Nachmittag verabreden. Dieser bewegungsarme Sport lässt sich in Naples hervorragend betreiben! Das noble Rentnerresort behauptet von sich, über mehr Golflöcher pro Einwohner zu verfügen als jeder andere Ort der USA.

In einem Park gibt es einen Spielplatz mit Fitnessgeräten für Erwachsene. Eine ältere Dame in hellblauen Shorts und lachsfarbenem Polohemd steuert zielstrebig den Crosstrainer an. Da ist Platz für zwei, und ich darf mitmachen. Während wir im Takt Arme und Beine bewegen, kommen wir ins Plaudern. Celia und ihr Mann Richard fahren schon seit 15 Jahren jeden Winter nach Florida. Den Rest des Jahres wohnen sie in Kansas City. Anfangs haben sie nur wenige Wochen hier verbracht, inzwischen sind es zwei Monate. „Wir sind nicht reich“, sagt Celia, „aber wir haben beide unser Leben lang gearbeitet, und nun ist genug Geld für so etwas da. Und warum sollten wir unser Leben nicht jetzt genießen?"

Die ersten Snowbirds fallen bereits Anfang Oktober in Florida ein, und die letzten reisen im Mai ab, um den Sommer in der Heimat zu verbringen. In Naples verbleiben dann gut 20.000 Einwohner. Nun finden die Leute wieder freie Parkplätze, und an der Supermarktkasse geht es auch deutlich schneller. Immerhin gibt es hier noch berufstätige Menschen und auch Kinder! Anders sieht es in The Villages aus, einer reinen Senioren-Community nordwestlich von Orlando. Da herrschen strenge Regeln: Wer ein Haus kaufen will, muss älter als 55 Jahre alt sein, Kinder sind nicht zugelassen und dürfen allenfalls für eine begrenzte Zeit zu Besuch kommen.

Ist Florida voll und ganz in der Hand der älteren Generation? Aber nein!

Feiern, bis der Arzt kommt

Achtung, die Spring Breakers kommen! Begehrt als Geldbringer, gefürchtet als Chaoten besetzen die Horden alljährlich im Frühjahr die Strände, füllen Billighotels, Bars und Restaurants.

Spring Break, das sind die Frühlingsferien der Colleges und Universitäten. Der Studienbetrieb ruht für ein oder zwei Wochen, und die College Kids können sich erholen – vor allem aber endlich Spaß haben! Während der Winter die altehrwürdigen Hochschulstädte im Norden fest in seinem eisigen Griff hält, locken in Florida Sand und Sonne.

In Massen zieht es die Boys und Girls in den Süden. Wer sich das Ticket leisten kann, nimmt den Flieger, andere fahren zu viert oder fünft in einem Auto und teilen sich die Benzinkosten. Meist bleiben sie nur wenige Tage, mehr gibt das knappe Studentenbudget nicht her. Da aber die Ferien je nach

Hochschule irgendwann zwischen Ende Februar und Mitte April liegen, zieht sich der Spuk an den Strandorten wochenlang hin.

Ein Studium in den USA ist eine teure Angelegenheit. Eltern bezahlen fünfstellige Summen pro Jahr, um ihren Sprösslingen eine College-Ausbildung zu ermöglichen. Die Investition ist mit hohen Erwartungen verbunden: Der Nachwuchs soll brav und diszipliniert studieren, alle vorgeschriebenen Credit Points einheimsen, sich im Sport hervortun, für soziale Zwecke engagieren, nebenbei jobben – kurz, ausschließlich nützlichen Aktivitäten nachgehen.

Und dann: Spring Break. Graue Bibliotheksmäuse, die sonst den ganzen Tag über ihren Büchern hocken und kaum das Tageslicht erblicken, verwandeln sich am Strand in laut kreischende Jugendliche in Bikini und Badeshorts und lassen mal so richtig die Sau raus. Je später der Abend, desto wilder. Alkohol spielt offiziell keine große Rolle, denn um den kaufen zu können, muss man mindestens 21 Jahre alt sein. Aber irgendwie schaffen die Kids es doch, sich Bier und noch viel mehr zu organisieren, ohne dabei erwischt zu werden.

In Fort Lauderdale um die Mittagszeit beobachten wir, wie Scharen von jungen Leuten, bereits fix und fertig in knapper Bademode, aus den nahen Hotelburgen zum Strand strömen. Mit nur leichtem Gepäck, das aus Handtuch, Handy und Wasserflasche besteht. Juchzendes Schreien, spielerisches Schubsen, aufgeregtes Diskutieren, ratloses Schauen aufs Handy: Wo bleiben Charlie, Nora und Kristin?

So weit, so harmlos. Nett anzusehen, wie sie sich vergnügen. Aber es ist ja auch erst Mittag. Zu dumm, dass wir das Geschehen nicht weiterverfolgen können, aber es liegt noch eine Autofahrt über chronisch verstopfte Straßen vor uns. Unser Ziel: Miami Beach.

Miami Beach ist die verrückte, schillernde Schöne, die mit dem Fortschreiten des Tages ihr Gesicht wandelt. Morgens gibt sie sich friedlich, freundlich und aufgeräumt. Jogger laufen die Strandpromenade entlang, Spaziergänger holen sich einen Coffee-to-go, in den Frühstückscafés sitzen ordentlich gekleidete ältere Leute, die sich gepflegt unterhalten. Ab dem Nachmittag aber übernehmen die Party-Kids die Straßen. In Gruppen drängen sie sich auf den Gehwegen, jeder mit einem Smartphone in der Hand. Junge Menschen, die sich zeigen wollen und eigenwillige Vorstellungen davon haben, was gut aussieht.

Die Jungs tragen Hosen ohne Gürtel, die ständig herunterzurutschen drohen und die sie deshalb festhalten müssen. Gehört wohl zum Look dazu. Über dem Hosenbund lugt die Unterwäsche mit dem Aufdruck bekannter Labels hervor. Die Mädels hingegen laufen in winzigen Bikinis herum, die sie nur unvollständig unter halb durchsichtigen Textilgebilden verbergen.

Die Spring Breakers strahlen eine kollektive Unruhe aus, so als suchten sie etwas: Aufregung, einen neuen Kick, Lebensgefühl, Freund, Freundin oder nur Sex? Vielleicht wissen sie es selbst nicht. Was bleibt, ist das Suchende. Der Lebenshunger kann immer nur kurz gestillt werden. In den Straßen breitet sich die Hitze aus, und mir scheint, dass nicht nur die Sonne die Stadt aufheizt, sondern auch die Energie der jungen Leute.

Am späten Abend, als wir schon längst in unser Innenstadthotel an der Collins Avenue zurückgekehrt sind, geht die Party so richtig los. Klapprige Cabrios mit lauten Motoren rollen durch die Straßen, vollbesetzt mit lachenden, kreischenden Jugendlichen. Aus übergroßen Lautsprechern dröhnt wummernde Musik. Was die übermütigen Kids sonst noch veranstalten, entzieht sich unseren Blicken. Es heißt, sie würden zündeln und Dinge zerstören, Alkohol und Drogen konsumieren, in die Ecken kotzen und die Sorte Sex haben, die sie hinterher bereuen.

„Wir heißen die jungen Leute an den schönsten Stränden der Welt willkommen", sagte der Polizeichef von Panama City Beach. „Wir gönnen ihnen jede Menge Spaß – aber wenn sie gegen die Gesetze verstoßen, gibt es keine Toleranz."

Als wenn es so einfach wäre! Die angestaute Energie braucht ein Ventil, und das liegt im ultimativen Chaos.

Kaum ein Strandort in Florida bleibt von den Spring Breakers verschont, wobei Panama City Beach, Daytona Beach und Miami Beach zu den beliebtesten Zielen gehören. Doch irgendwann ist die Party vorbei, und die Jungs und Mädels kehren in den Norden zurück, um sich wieder brav ihren Büchern und Seminararbeiten zu widmen. War was?, fragt der Blick aus unschuldigen jungen Gesichtern.

Auch in Naples kann man feiern. Die Strände sind kilometerlang und bieten Platz für alle Generationen. Wer aber den Rausch und das Abenteuer sucht, wird sich hier bald langweilen und lieber in Richtung Fort Myers oder Miami Beach weiterziehen.

Aber ein paar coole Typen haben wir doch angetroffen. Die Party ist in ständiger Bewegung, Freunde kommen herbeigeflogen, um sich niederzulassen, andere fliegen auf, um Proviant zu beschaffen. Flott sehen sie aus, mit ihren karottenroten Schnäbeln und dem schwarzen Federschopf, der hinten punkmäßig absteht. Nein, es sind nicht die Strandläufer, sondern die Königsseeschwalben von Naples. Auch sie feiern gerne Spring Break!

Florida Burger with Mango Salsa and Plantain Chips – Florida-Burger mit Mango-Salsa und Bananenchips

Zutaten für 4 Personen:

4 Burger-Brötchen
400 g gemischtes Hackfleisch
2 Knoblauchzehen
½ Tl Salz
¼ Tl Pfeffer
Olivenöl zum Braten
4 Kochbananen
1 Mango
½ rote Paprika
1 Frühlingszwiebel
2 Zweige Koriander
1 Jalapeño
2 El Limettensaft
2 El Mayonnaise

Zubereitung:

Für die Salsa die Mango schälen, entkernen und in Würfel schneiden. Paprika und Zwiebel in feine Würfel schneiden. Die Jalapeño von den Samen befreien und kleinschneiden. Den Koriander hacken. Alles in eine kleine Schüssel geben und den Limettensaft unterrühren. Für 30 Minuten in den Kühlschrank stellen.

Für die Plantain Chips die Kochbananen schälen und in dünne Scheiben schneiden. In reichlich Öl auf beiden Seiten goldbraun braten. Auf Küchenpapier abtropfen lassen.

Für die Burger den Knoblauch häuten und pressen. Das Hackfleisch mit Salz, Pfeffer und Knoblauch vermischen. 4 Scheiben formen und in 2 El Öl bei mittlerer Hitze braten, ca. 5-6 Minuten auf jeder Seite.

Die Brötchen aufschneiden und leicht toasten. Auf die unteren Hälften je eine Scheibe Fleisch legen, darauf einen Esslöffel Salsa und einige Plantain Chips. Die oberen Hälften mit Mayonnaise bestreichen und darauf klappen. Mit der restlichen Salsa und den übrigen Plantain Chips genießen.

Der Zirkuskönig und sein Palast – das Ringling-Vermächtnis in Sarasota

John legte den Arm um seine Frau und lächelte zufrieden. „Unser Dogenpalast“, sagte er und wies mit einer weiten Handbewegung auf den reich verzierten Prachtbau, dessen stolzer Turm vor ihnen in den Himmel ragte. Der Sechzigjährige trug handgenähte Schuhe aus feinstem italienischen Leder, und an seinem Unterarm hing ein Spazierstock mit Elfenbeingriff.

Mable, seine Frau, ging ein paar Schritte die Marmortreppe hinunter, die von der Terrasse des Palastes bis zu einem Bootsanleger am Wasser führte. Auf dem letzten Treppenpfosten hockte ein steinerner Löwe. Sie streichelte ihn kurz, dann setzte sie sich auf die Stufen und blickte hinaus auf das tiefblaue Meer. „Unser Canale Grande!“

John und Mable Ringling, zu ihrer Zeit eines der reichsten Paare Amerikas, hatten sich an der Sarasota Bay ein venezianisches Paradies geschaffen. Für sie war der amerikanische Traum von einem märchenhaften Aufstieg in Erfüllung gegangen. Doch der Weg dorthin war lang gewesen, und er begann an einem kühlen Frühlingsmorgen im Jahr 1870.

Fröstelnd liefen die Jungen durch die dunklen Straßen von McGregor, einer kleinen Stadt in Iowa am Ufer des Mississippi. Die Sonne zeigte sich noch nicht am Horizont, nur der Halbmond am samtschwarzen Nachthimmel verbreitete sein fahles Licht. John, mit seinen vier Jahren der zweitjüngste von

August Ringlings sieben Söhnen, klammerte sich an die Hand von Albert, seinem ältesten Bruder, und legte ab und zu einen kleinen Hopser ein, um mitzuhalten. Fast hätte die Mutter ihn nicht mitgehen lassen, aber er bettelte so lange, bis sie schließlich nachgab. So war nun eine kleine Schar von sechs Jungen unterwegs, und nur Henry, der Kleinste, lag noch tief schlafend in seinem Bettchen.

Auf dem Fluss lagerte eine dicke wattige Schicht von weißem Morgennebel, als die Jungen endlich das Ufer erreichten. Ungeduldig und voller Spannung hielten sie Ausschau. Wo blieb das Schiff mit dem berühmten Zirkus, den die Plakate in der Stadt angekündigt hatten? Da, ein Signal tönte über den Fluss! Und schon tauchte im Nebel, erst schemenhaft, dann immer deutlicher, ein schneeweißer Dampfer auf, der auf die Anlegestelle zusteuerte. Es dauerte nicht lange, und die Zirkuswagen, rot mit goldenen Verzierungen, wurden mithilfe einer Seilwinde an Land gebracht. Dann folgten die kräftigen Zugpferde für die Wagen und die edlen weißen Rösser der Kunstreiter.

„Da kommt ein Bär", rief John plötzlich ganz aufgeregt. „Und seht doch mal, ein Kamel! Und ein riesiger grauer Elefant!" Er klatschte vor Begeisterung in die Hände.

Bald bewegte sich der ganze Tross von Tieren, Wagen und Menschen in Richtung des Festplatzes, wo das Zirkuszelt aufgebaut werden sollte. Die nun folgenden Tage würden die sechs Brüder nie vergessen. Die Lichter, die flotte Musik des Zirkusorchesters, die geschmückten Schimmel, die rund um die Manege trabten, die atemberaubenden Kunststücke der Akrobaten, die Komik des Clowns, all das hinterließ einen unauslöschlichen Eindruck bei ihnen.

Sieben Brüder

„Wir stellen eine eigene Show auf die Beine!", beschlossen die Ringling-Brüder. Ab sofort arbeiteten sie in jeder freien Minute an ihrem Programm: Sie studierten Saltos und Balance-Akte ein, das Jonglieren mit mehreren Bällen, Tanzeinlagen und kleine Sketche, Musikstücke und Lieder. Noch im Herbst desselben Jahres, als die Ernte eingefahren war, gaben die Jungen in einem Heuschober ihre erste Vorstellung. Eintritt: eine Haarnadel. Weil die Damen sie für ihre Frisuren unbedingt benötigten, galten diese simplen Hilfsmittel als wichtiges Handelsgut.

August Ringling war ein bodenständiger Farmer und Handwerker, von ihm konnten die Söhne ihre Neigung zum Show-Business nicht geerbt haben. Doch Marie Salomé, die Mutter, hatte nicht immer schon Milchkannen geschrubbt und Kindernasen abgewischt. Vor ihrer Ehe mit August war sie als Tänzerin in einer Zirkusshow aufgetreten, und die Jungen liebten es, wenn sie Geschichten aus dieser aufregenden Zeit erzählte.

Wenn die Brüder nicht gerade zur Schule gingen, auf der Farm mithalfen oder arbeiteten, um Geld zu verdienen, dann übten sie für ihre Shows, dachten sich neue Programmpunkte aus, entwarfen Plakate oder organisierten Räume für ihren Auftritt. Und eines Tages im Herbst 1880 brachen sie in Baraboo, Wisconsin, wo die Familie nach einem Umzug inzwischen wohnte, zu ihrer ersten Tournee auf.

„Aber John und Henry bleiben hier", bestimmte die Mutter, „sie sind zu jung für das Leben auf der Straße."

Die kleine Ida, das Nesthäkchen und einzige Mädchen in der Familie Ringling, weinte, als die großen Geschwister in den Planwagen stiegen und den Jüngeren noch einmal zuwinkten. Nur John, inzwischen vierzehn Jahre alt, war nirgendwo zu finden. Er hatte sich zwischen den Gepäckstücken im Wagen versteckt und kam erst zum Vorschein, als seine Heimatstadt schon in sicherer Entfernung lag. Auf keinen Fall sollten die anderen ohne ihn auftreten!

Die „Ringling Bros. Variety Performance“, eine Art Varieté, unterhielt ihr Publikum mit Musik, Tanz und allerlei Kunststücken, und John bewies seinen Nutzen für die Truppe, indem er die Leute als Clown zum Lachen brachte. Im Mai 1884 gründeten die Brüder schließlich ihren eigenen Zirkus: „Ringling Bros. World's Greatest Shows“. Unter diesem vielversprechenden Namen, der in feuerroten Lettern auf den Plakaten prangte, gingen Albert, Otto, Alfred, Charles und John im Mittleren Westen auf Tour. Später schlossen sich auch Augustus, genannt Gus, und Henry dem Unternehmen an und machten die Schar der Ringling-Brüder wieder komplett.

Die angekündigten Shows brachten zunächst nur mäßigen Erfolg, doch das änderte sich, als die Ringlings eine große Investition tätigten: Sie erwarben einen Elefanten. Eine Sensation in den kleinen Städten und Dörfern, wo der Zirkus gastierte! Das Publikum strömte in die Vorstellungen, das Geld klingelte in der Kasse, und die Brüder konnten ihr Business immer wieder um neue Attraktionen erweitern. Das war der Durchbruch – und der Weg zu Ruhm und Reichtum.

Venedig an der Sarasota Bay

Ein Fremder, der in der Sarasota Bay mit seinem Boot die Küste entlangfährt, mag es für ein Trugbild halten, wenn plötzlich direkt am Wasser ein venezianischer Palazzo vor seinen Augen auftaucht, strahlend schön im Sonnenlicht. Ein Traum in Elfenbeinweiß und Terrakotta, mit roten Ziegeldächern, steinernen Balkonen und Balustraden, verspielten Rosetten und Ornamenten. Und mit gotischen Spitzbogenfenstern, in deren farbig getönten Glasscheiben sich Himmel und Meer zu spiegeln scheinen. All diese Pracht und der dichte grüne Wald im Hintergrund fügen sich zu einer Kulisse, die einer großen Oper würdig ist.

Vor dem Palast erstreckt sich eine weitläufige, mit farbigen Marmorplatten belegte Terrasse. Rauschende Bälle werden hier stattgefunden haben, und man meint, das ferne Echo von Musik und Lachen aus längst vergangenen Zeiten zu vernehmen.

„Wer mag in diesem zauberhaften Schloss wohnen?“, wird sich der Fremde fragen. Und wenn er erfährt, dass es John Ringling und seine Frau waren, wird er nicken. Ja, den Namen Ringling kennt er, ist dieser in Amerika doch untrennbar mit der glanzvollen Ära der großen Zirkusse verbunden.

Ende des 19. Jahrhunderts hatten die Ringling-Brüder ihre bescheidene Show in ein Großunternehmen der Unterhaltungsindustrie verwandelt. Sie expandierten weiter, indem sie andere Zirkusse kauften, und 1907 übernahmen sie sogar ihren größten Konkurrenten, Barnum and Bailey, den sie aber zunächst weiterhin als eigenständigen Zirkus betrieben.

Der Ringling-Zirkus beschäftigte mehr als tausend Menschen und hielt sich eine Menagerie von 335 Pferden, 26 Elefanten, 16 Kamelen, zahlreichen Raubkatzen und einem ganzen Sortiment anderer Tiere. Um Menschen, Tiere und Ausrüstung zum jeweils nächsten Ort zu transportieren, standen 92 Eisenbahnwagen bereit. Wenn die Show dann begann, saßen unterm Zeltdach in der ausverkauften Vorstellung über 10.000 Zuschauer, die in atemloser Spannung den Darbietungen in der Manege folgten.

In den nachfolgenden Jahren musste John Ringling die schmerzliche Erfahrung machen, dass sich die Reihe seiner Brüder lichtete; Langlebigkeit lag nicht in ihren Genen.

Gemeinsam mit Charles, dem letzten verbleibenden Bruder an seiner Seite, beschloss er, die beiden Unternehmen zu fusionieren, und zwar unter dem Namen „The Ringling Bros. and Barnum & Bailey Circus – The Greatest Show on Earth“. Am 29. März 1919 gab der neue Mega-Zirkus ein glänzendes Debüt im Madison Square Garden in New York. Es war der Auftakt zu den Goldenen Zwanzigerjahren, als der Ringling-Zirkus seine größten Erfolge feierte. Charles starb 1926, doch die Show ging weiter.

Im Jahr 1905 hatte John die neun Jahre jüngere Mable Burton geheiratet. Jedes Jahr nach dem Ende der Saison, wenn der Zirkus in seinem Winterquartier blieb, reisten sie gemeinsam durch ganz Europa, immer auf der Suche nach ungewöhnlichen Ideen und frischen Talenten für das Programm.

Für Mable, die ebenso wie John aus bescheidenen Verhältnissen stammte, tat sich eine ganz neue Welt auf. Staunend schlenderten sie zusammen durch die alten Städte, besichtigten Kirchen und Schlösser und besuchten die großen Kunstmuseen. Zutiefst beeindruckt von den Werken der europäischen Maler begannen sie schließlich damit, eine eigene Kunstsammlung anzulegen. An Geld mangelte es John Ringling nicht: Als Zirkusmagnat und darüber hinaus als Teilhaber von Eisenbahngesellschaften, Ölfeldern und Ranches war er einer der reichsten Männer der Welt geworden. Der Bauernjunge hatte es weit gebracht.

Wenn die beiden nicht gerade unterwegs waren, verbrachten sie die Wintermonate an der Sarasota Bay, wo John bereits ausgedehnte Landflächen besaß, und auch der Zirkus hatte inzwischen dort sein Hauptquartier. Mable liebte die Landschaft, das Meer und das milde Klima, und eines Tages sagte sie: „Wir sollten uns ein Haus hier bauen, direkt am Wasser – unseren eigenen venezianischen Palast.“

Die Ringlings beauftragten den berühmten New Yorker Architekten Dwight James Baum mit der Planung ihres zukünftigen Heims. Mable, die auf den gemeinsamen Reisen ganze Mappen voll mit Postkarten, Skizzen und Fotos gesammelt hatte, brachte ihre eigenen Vorstellungen ein, von den Farben und Mustern bis hin zum Glasieren der Fliesen. Mit ebenso viel Sorgfalt ließ sie die opulente Inneneinrichtung der 30 Zimmer zusammenstellen, mit Deckengemälden, roten Samtvorhängen, Brokatsesseln, kristallenen Kronleuchtern und Bildern in barocken Goldrahmen – die Regenten des alten Venedigs hätten sich sofort zu Hause gefühlt.

Im Jahr 1924 rückten die ersten Handwerker an, und schon kurz vor Weihnachten 1926 war der Palast fertig, im Stil italienischer Pracht und Romantik, genauso, wie Mable es sich gewünscht hatte. Zu Ehren des Besitzers nannten sie ihr neues Zuhause „Ca' d'Zan", „Haus von John", im venezianischen Dialekt.

Mable liebte es, ihre Besucher durch die fürstlich ausgestatteten Räume zu führen, während John seine Gäste gerne mit auf den 25 Meter hohen Turm nahm. Von dort nämlich konnte er ihnen seinen Landbesitz in Sarasota zeigen, der sich fast so weit erstreckte, wie das Auge reichte. Er hatte in seinem Leben alles erreicht, was sich ein Mensch in seinen kühnsten Träumen nur vorzustellen vermag, und Ca' d'Zan war der sichtbare Ausdruck seines privaten und geschäftlichen Glücks.

Eine große amerikanische Legende

Drei Jahre später jedoch wandte sich das Glück von John Ringling ab. Erst wurde Mable sehr krank, sie starb im Juni 1929. Im selben Jahr hatte das Ringling-Imperium die American Circus Corporation übernommen, ein Konglomerat von fünf Zirkussen, und damit in die Zukunft des Unternehmens investiert. Doch die sah ganz anders aus als erhofft, denn am 24. Oktober 1929 kam es an der US-amerikanischen Börse zu einem folgenreichen Crash. Die Weltwirtschaftskrise brachte einen enormen Preisverfall und hohe Arbeitslosigkeit mit sich – wer konnte sich jetzt noch eine Eintrittskarte für den Zirkus leisten?

John Ringling verlor praktisch sein gesamtes Vermögen; ihm blieben nur der Palazzo und das Kunstmuseum, das er sich auf seinem Anwesen in Sarasota gebaut hatte. Als er im Dezember 1936 im Alter von siebzig Jahren starb, befanden sich auf seinem Bankkonto nur noch 311 Dollar.

Dem Zirkus aber gelang es, die Krisenjahre zu überstehen. Nach dem Tod des letzten der sieben Brüder übernahm John Ringling North, der Sohn von Ida Ringling, die Leitung, und das Unternehmen blieb bis 1967 in Familienbesitz. Der neue Besitzer, Feld Entertainment, führte die reisende Show unter dem alten Namen durch die nächsten 50 Jahre, bis zum 21. Mai 2017, als der Zirkus auf Long Island bei New York seine Abschiedsvorstellung gab.

Eine Ära war zu Ende gegangen, 146 Jahre nach jener ersten Vorstellung in der Scheune von Papa Ringling in Iowa. Die Konkurrenz durch Film und Fernsehen hatte die Zuschauerzahlen zum Schwinden gebracht, zudem passte es nicht mehr in die Zeit, dressierte Elefanten, Löwen und Tiger in Unterhaltungsshows auftreten zu lassen.

In seinem Testament hatte John Ringling verfügt, dass sein Besitz in Sarasota an den Bundesstaat Florida übergehen sollte. Der allerdings war anfangs nicht sehr glücklich mit diesem Vermächtnis. Nach langwierigen Rechtsstreitigkeiten mit der Ringling-Familie und nach Jahren des Verfalls wurden die Gebäude jedoch aufwendig restauriert, und heute stellt der Besuch von „The Ringling“ ein Highlight jeder Florida-Rundreise dar.

Wer genug Zeit hat, kann die Meisterwerke im John and Mable Ringling Museum of Art bewundern, im Zirkusmuseum in die Geschichte des amerikanischen Zirkusses eintauchen und einen Spaziergang durch die Bayfront Gardens, den weitläufigen Park, unternehmen. Der Rosengarten in dessen Zentrum war einmal Mables ganzer Stolz. Vor allem aber sollte man Ca’ d’Zan besuchen, diesen zauberhaften kleinen Palast, der mit seinem venezianischen Stil und Charme so unwirklich erscheint, dass man sich für eine Weile ganz wunderbar entrückt von der Welt fühlt. Suchen Sie auch den „Secret Garden“ auf, er liegt in der Nähe des Hauses. Dort ist John Ringling begraben, zwischen seiner Frau Mable und seiner Schwester Ida.

John und seine Brüder haben mit ihrem Traum eine Legende geschaffen, die weit über ihren Tod hinausgeht. Und damit Generationen von Amerikanern kostbare Erinnerungen geschenkt, an Stunden voller Magie, wie man sie nur im Zirkus erlebt.

Coconut Carrot Cupcakes – Kokosnuss-Karotten-Cupcakes

Zutaten für 12 Cupcakes:

156 g Mehl
1 Tl Backpulver
½ Tl Natron
½ Tl Salz
1 Tl Zimt
½ Tl gemahlener Ingwer
¼ Tl Muskat
¼ Tl gemahlene Nelken
120 ml Kokosöl
200 g brauner Zucker
2 große Eier
75 g Naturjoghurt
1 Tl Vanilleextrakt
2 mittelgroße Karotten
80 g Kokosflocken

Für den Guss:

224 g Frischkäse (zimmerwarm)
115 g weiche Butter
360 g Puderzucker
1 Tl Vanilleextrakt
1 Prise Salz

Zubereitung:

Backofen auf 180°C vorheizen und ein Cupcake-Blech mit Papierförmchen auslegen. Mehl, Backpulver, Natron, Salz, Zimt, Ingwer, Muskat und Nelken in einer großen Schüssel vermischen. In einer zweiten Schüssel Öl, braunen Zucker, Eier, Joghurt und Vanille verrühren. Kokosflocken hinzufügen, Karotten raspeln und hinzufügen. Teig in die Förmchen füllen und ca. 20 Minuten backen. Vollständig abkühlen lassen.

Für den Guss Frischkäse, Butter, Puderzucker, Vanille und Salz mit dem Mixer zu einer cremigen Masse rühren. Wenn diese nicht dick genug ist, noch 50 g Puderzucker hinzufügen. Die Cupcakes mit einer dicken Schicht Frischkäse-Guss bestreichen.

Meerjungfrauen auf Seegraswiesen – Manatis, die Seekühe der Karibik

Was hat eine Meerjungfrau mit einer Seekuh gemeinsam? Na, sie leben beide im Wasser und haben einen Fischschwanz, ist doch klar. Damit allerdings hört die Ähnlichkeit auch schon auf. Zumal die Meerjungfrau der Mythologie entstammt und deshalb in einer anderen Dimension mitspielt. Wer ist dann überhaupt auf die Idee gekommen, die beiden Wesen miteinander in Verbindung zu bringen?

Am 8. Januar 1493 segelte Christoph Kolumbus an der Küste der Insel Hispaniola entlang. Es war ein warmer Tag, die Wellen funkelten im strahlenden Licht der Sonne, und der Entdecker ließ seinen Blick über das türkisblaue Meer schweifen. Auf einmal bemerkte er drei große schemenhafte Gestalten unter Wasser, die sich in gemächlichem Tempo fortbewegten. Was war das? Von der Form her sahen sie nicht wie die Meerestiere aus, die er kannte, Robben, Delphine oder Wale.

In diesem Moment hoben die seltsamen Wesen ihre Köpfe aus dem Wasser und schauten ihn unverwandt an. Kolumbus hatte schon manches gesehen, doch bei diesem Anblick stockte ihm der Atem. Es sind Meerjungfrauen, schoss es ihm durch den Kopf, wirklich und wahrhaftig! Dann huschte ein Lächeln über sein Gesicht. „Aber so hübsch, wie man immer sagt, sind sie nicht“, sprach er so bei sich, „sie haben doch eher männliche Züge.“

Kolumbus hatte Karibik-Manatis gesehen, Seekühe, die ihren Lebensraum an den Küsten des Golfs von Mexiko und der Karibik haben. Wie sehen sie aus? Wir kreuzen ein Nilpferd mit einem Delphin, fügen noch ein paar Kuh-Gene hinzu, und heraus kommt ein Manati. Und der erinnert nicht einmal im Entferntesten an eine Meerjungfrau. Sorry, Mr. Kolumbus, aber da hat wohl die Sehnsucht Ihren Blick getrübt. Nach Ihrer langen Reise mit einer Crew von Kerlen wären Sie sicher gerne mal ein paar Frauen begegnet.

Kolumbus konnte es nicht besser wissen, denn in den Weiten des Meeres vermuteten die Menschen jener Zeit die seltsamsten Wesen und Kreaturen, angefangen von grässlichen Seeungeheuern bis hin zu Meerjungfrauen, die, wie jeder wusste, schon so manchen Seemann ins Verderben gelockt hatten.

Sanfte Veganer

Wenigstens einmal Manatis zu sichten, dieser Wunsch steht ganz oben auf der Must-see-Liste der Florida-Touristen und natürlich auch bei uns. Die Gelegenheit ergibt sich im Homosassa Springs Wildlife State Park, einem Wildpark mit einheimischen Tieren. Er liegt im Quellgebiet des Homosassa River, der acht Meilen weiter westlich in den Golf von Mexiko fließt. Aus mehreren Quellöffnungen in der Tiefe blubbert hier fortwährend warmes Wasser, viele Millionen Liter am Tag. Bevor es sich in den Fluss ergießt, sammelt es sich in einem Teich, und der hat die passende Wohlfühltemperatur für die Manatis.

Jetzt können wir sie endlich sehen. Die rundlichen, stämmigen Tiere gleiten langsam und bedächtig durch ihren Pool. Ein kleines Mädchen kichert. „Sie sehen aus wie riesige Kartoffeln!“ Ja, das trifft es ganz gut. Eine längliche Riesenkartoffel mit einer Art Kuhmaul, zwei kurzen dicken Armen als Brustflossen und einer runden Schwanzflosse, die ungefähr so groß ausfällt wie ein XXL-Pizzateller. Wegen der Form dieser Flosse nennt man die Manatis auch Rundschwanzseekühe, in Abgrenzung zu den Gabelschwanzseekühen oder Dugongs, die in einigen Küstengebieten des indischen Ozeans und des südwestlichen Pazifiks leben.

Manatis und Dugongs sind mit der Stellerschen Seekuh verwandt, die aber schon im 18. Jahrhundert ausgerottet wurde. In der Systematik der Lebewesen werden Seekühe mit dem wissenschaftlichen Namen Sirenia bezeichnet, abgeleitet von den Sirenen, den fischschwänzigen Frauen der Mythologie. Kolumbus war also nicht der Einzige, der sich beim Anblick der Tiere an Meerjungfrauen erinnert fühlte.

Das kleine Mädchen beobachtet die Manatis eine Weile. Dann fragt es seinen Papa: „Dad, meinst du nicht, sie würden lieber im Meer schwimmen?"

Der Vater legt seiner Tochter den Arm um die Schulter. „Die Leute hier im Park kümmern sich um verletzte Tiere oder die Kälber, die keine Mama mehr haben", erklärt er. „Wenn sie gesund und kräftig genug sind, werden sie wieder ausgewildert und dürfen schwimmen, wohin sie wollen."

Manatis sind flexibel und wechseln problemlos zwischen Salz- und Süßwasser. Mal halten sie sich vor der Küste auf, mal wandern sie in die Unterläufe der Flüsse. Hauptsache, das Wasser ist flach genug, damit sie unten auf dem Grund ihr Futter abrupfen können, Seegras, Wassersalat und anderes Grünzeug. Wie Kühe auf der Weide, nur unter Wasser. Kein Wunder also, dass man die Manatis und ihre Verwandten Seekühe genannt hat.

Die sanften Veganer werden im Durchschnitt 4 Meter lang und 500 Kilo schwer. Und weil das ganze Grünzeug wenig

Nährwert hat, müssen sie am Tag mindestens 50 Kilo Wasserpflanzen fressen, um satt zu werden. Vergleichbar mit, sagen wir, 10 bis 15 Kisten Salat, also ein ganzer Marktstand voll. Und wenn Mama Seekuh trächtig ist, dann braucht sie noch ein paar Kisten extra. Erst trägt sie ihr Kalb zwölf Monate lang im Bauch, und dann, wenn es auf der Welt ist, kümmert sie sich hingebungsvoll um sein Gedeihen. Sie säugt es mehr als ein Jahr lang, so lange, bis es alleine Seegras fressen kann.

Wenig flexibel, sondern vielmehr sehr empfindlich reagieren die Tiere auf Veränderungen der Wassertemperatur. Wenn die nämlich unter 20°C sinkt, wird es für die Manatis ungemütlich, ja, sogar lebensbedrohlich. Wie die Snowbirds zieht es sie in den Wintermonaten ins warme Florida, in den Sommermonaten dagegen sind sie auch in nördlicheren Küstengegenden zu finden. Die schlauen Seekühe haben außerdem herausgefunden, dass das Wasser im Umkreis von Kraftwerken besonders angenehm temperiert ist.

Die Manatis sind freundlich, sanft und neugierig. Sie haben nichts dagegen, wenn Menschen mit ihnen schwimmen, solange diese respektvoll Abstand wahren, und es scheint, als würden sie dabei das Verhalten der menschlichen Art studieren.

„Ich finde, sie sehen traurig aus“, sagt das kleine Mädchen nachdenklich, „und ein bisschen doof. Komm Dad, wie gehen weiter, ich will das Nilpferd sehen.“

Also, das ist jetzt nicht besonders nett. Und was hat eigentlich das Nilpferd hier im Wildpark zu suchen? Jedes Schulkind weiß doch, dass die Hippos in Florida nicht heimisch sind. Aber dieses hier ist ein ganz besonderes Nilpferd. Lucifer, genannt Lu, wurde 1960 geboren und kann auf eine lange Karriere als Film- und Fernsehstar zurückblicken. Er lebte schon über zwanzig Jahre in Homosassa Springs, als der bis dahin private Park 1989 in einen staatlich verwalteten State

Park umgewandelt wurde. Und auf einmal hieß es: Nichtheimische Tiere müssen raus! Doch die Leute in der Gegend wollten Lu unbedingt behalten. Sie schickten eine Petition an den Gouverneur, und der ernannte das Nilpferd kurzerhand zum Ehrenbürger von Florida. Deshalb besitzt Lu nun ein Wohnrecht auf Lebenszeit.

Die todbringende rote Flut

Die Menschen auf der Halbinsel lieben ihre Manatis. Ja, der sanfte Meeressäuger darf den Bundesstaat sogar als Symboltier repräsentieren. Die karibischen Seekühe gelten als gefährdete Art und sind durch mehrere Gesetze streng geschützt, sowohl auf nationaler als auch auf regionaler Ebene.

Dennoch ist das Leben einer Seekuh in den Küstengewässern, Flüssen, Seen und Kanälen Floridas mit vielen Gefahren verbunden. Trotz aller Vorschriften und Regeln passieren immer noch viel zu oft Unfälle mit Motorbooten. Die Bootsschrauben fügen den Tieren Verletzungen zu, die häufig tödlich enden. Ebenso kommt es vor, dass sie sich in Angelschnüren verheddern, Angelhaken oder Müll verschlucken oder womöglich von Kanalschleusen zerdrückt werden. Auch die zunehmende Wasserverschmutzung hat Folgen, denn sie dezimiert die Seegrasfelder.

Wer einen Manati bemerkt, der in eine Notlage geraten ist, sollte möglichst schnell eine spezielle Notrufnummer wählen. Dann rückt ein geschultes Team an, das die kranke oder verletzte Seekuh zu einer Rettungsstation transportiert. Ein Netzwerk von Zoos und Aquarien, auch der Homosassa Springs Wildlife State Park, ist darauf vorbereitet, die Tiere aufzunehmen, sie wenn möglich gesund zu pflegen und wieder fit für die Wildnis zu machen.

Tierärztinnen, Tierpfleger und viele Freiwillige kümmern sich mit viel Engagement um ihre Schützlinge, doch das ändert nichts an den Ursachen. Der Lebensraum der Manatis ist bedroht: Wasserläufe werden reguliert, damit neue Wohn- und Geschäftsviertel entstehen können, und zu den Wohnanlagen kommen Marinas mit Liegeplätzen für Hunderte von Booten hinzu. Den verbleibenden Lebensraum müssen sich die Tiere mit unzähligen Freizeitkapitänen teilen. Der Freizeitsektor generiert eine hohe Wirtschaftsleistung, und von staatlicher Seite wird man sich hüten, die Leute mit zu vielen Verboten abzuschrecken.

Auch die Algenblüte, die während des Sommers im Golf von Mexiko auftreten kann, setzt den Manatis zu. „Red tide", „rote Flut", so wird dieses Phänomen genannt, denn wenn die Algen sich explosionsartig vermehren, ballen sie sich im Wasser zu rötlichbraunen Wolken zusammen. Die einzelligen Organismen der Art Karenia brevis geben ein Nervengift in die Luft ab, das den Tieren, die in den Algenteppich geraten, zum Verhängnis wird.

Die Algenpest kommt und geht, richtet mal mehr, mal weniger Schaden an, doch im Sommer 2021 wuchs sich die rote Flut zu einer Umweltkatastrophe aus. In der Tampa Bay maßen die Wissenschaftler eine Algenkonzentration, die fast 17-mal so hoch ausfiel wie die Höchstwerte früherer Jahre. Was war der Grund für diesen ungewöhnlichen Anstieg?

Als die Düngemittelfabrik Piney Point an der Tampa Bay 2001 ihren Betrieb einstellte, hinterließ der Inhaber ein riesiges Abwasserbecken mit einer toxischen Chemiebrühe, die einen Mix aus Phosphor, Stickstoff, Ammoniak und anderen Substanzen enthielt. Anfang 2021 stellte man fest, dass das altersschwache Reservoir zu brechen drohte. Damit das kontaminierte Wasser nicht die umliegenden Gemeinden überflutete, wollte man den Druck im Becken schnellstens verringern, und so begannen die Behörden Ende März, einen Teil des Inhalts ins Meer zu leiten. Zehn Tage lang flossen mehr als 800 Millionen Liter verseuchten Abwassers in die Bucht, eine Menge, die etwa 325 Schwimmbecken in Wettkampfgröße füllen würde. Eine Umweltsauerei mit staatlicher Genehmigung.

Die gigantische Nährstoffzufuhr verschaffte den Algen prächtige Wachstumsbedingungen – und brachte unzähligen Delphinen, Meeresschildkröten und Manatis den Tod. Mehr als 600 Tonnen an totem Fisch wurden an die Strände gespült, begannen zu verwesen und verbreiteten einen infernalischen Gestank. Um die Kadaver zu beseitigen, stellten die Kommunen Müllcontainer bereit mit der Aufschrift „Nur für toten Fisch“. Giftgaswolken wehten über die Ortschaften, und die Menschen wurden aufgefordert, Türen und Fenster geschlossen zu halten.

Im gesamten Jahr 2021 starben in Florida über 1.000 Manatis und damit deutlich mehr als in den Jahren zuvor, bei einer Population von etwa 6.300 Tieren.

Als Manati in den Gewässern des Sunshine State zu schwimmen, ist wahrhaftig lebensgefährlich. Und wer ist schuld? Kolumbus natürlich. Mit ihm hat schließlich alles angefangen.

Shrimp Boil with Sweet Corn and New Potatoes – Garneleneintopf mit Mais und Kartoffeln

Zutaten für 4 Personen:

680 g Pink Shrimps, küchenfertig
5 Maiskolben
1 große Tomate
450 g kleine Kartoffeln
1 Tl Pflanzenöl
450 g Räucherwurst
1 Tl Meersalz
¼ Tl schwarzer Pfeffer
¼ Tl Cayennepfeffer
½ Tl Knoblauchpulver
½ Tl Zwiebelpulver
½ Tl getrockneter Thymian
½ Tl getrocknetes Basilikum
½ Tl getrockneter Oregano
1 Tl mildes Paprikapulver
2 Zweige Petersilie
Salz und Pfeffer

Zubereitung:

Maiskolben und Kartoffeln schälen und halbieren, die Räucherwurst in etwa 2,5 cm lange Stücke teilen und die Tomate in Würfel schneiden. Das Öl in einem großen Topf bei Mittelhitze heiß werden lassen, die Wurst hineingeben und braten, bis sie leicht gebräunt ist, etwa 2 Minuten. Den Topf zu 2/3 mit heißem Wasser füllen. Salz, Pfeffer, Gewürze und Kräuter hinzufügen. Den Inhalt des Topfes zum Kochen bringen. Kartoffeln hinzufügen und kochen, bis sie fast gar sind, etwa zehn Minuten. Maiskolben hinzufügen und 4 Minuten kochen. Die Garnelen (shrimps) hinzufügen und kochen, bis sie gar sind, etwa 2–3 Minuten.

Überschüssiges Wasser abgießen und den Inhalt des Topfes auf einer Platte anrichten. Salz und Pfeffer nach Geschmack hinzufügen. Mit Petersilie und Tomatenstückchen garnieren.

Gepflegtes Qualmen – Zigarren aus Ybor City

Neugierig schauen wir durch das Schaufenster von Nicahabana Cigars in Ybor City, einem Stadtteil von Tampa. Vor unseren Augen entsteht die perfekte Zigarre – handgerollt innerhalb weniger Minuten.

Direkt hinter dem Schaufenster des Zigarrengeschäfts in der 7th Avenue sitzt eine junge Frau mit pinkfarbenem T-Shirt, eine „Torcedora", die die Kunst des Zigarrenrollens beherrscht. Gerade hat sie zwei große braune Tabakblätter, so dünn wie Folie, von einem Stapel genommen und vor sich auf dem Arbeitstisch ausgebreitet. Sie greift ein paar Blätter von ihren anderen Stapeln und faltet sie mit flinken Bewegungen zu einem schmalen, handlichen Bündel. Das rollt sie nun in die vor ihr liegenden Umblätter ein. Dann schnipp, mit einer Mini-Guillotine wird der Kopf sauber abgeschnitten, und schon sieht das Ding wie eine richtige Zigarre aus!

Die Tabakpflanze ist ein erstaunliches Gewächs. Ihre Blätter bilden einen unterschiedlichen Geschmack aus, der davon abhängt, wie viel Sonnenlicht sie aufnehmen. Schon bei der Ernte trennen die Arbeiter nach „ligero", den kräftigen oberen Blättern, „seco", den mittelkräftigen in der Mitte, und „volado", den mild schmeckenden Blättern aus dem Schatten nahe dem Erdboden. Diese drei Arten werden von den kundigen Torcedores zu einem intensiven Geschmackserlebnis kombiniert.

Die Zigarre ist ein reines Naturprodukt, denn sie besteht ausschließlich aus Tabakblättern – was sie allerdings nicht weniger gesundheitsschädlich macht als eine gewöhnliche Zigarette. Der Herstellungsprozess, vom Tabaksamen, der in die Erde gelegt wird, bis zum vollendeten Erzeugnis, erfordert rund 500 manuelle Arbeitsschritte.

Und was macht unsere Torcedora gerade? Sie legt ein paar Rohlinge in einen hölzernen Pressstock, wo sie noch einmal in Form gebracht werden. Im Gegenzug nimmt sie einen anderen heraus. Geradezu liebevoll wickelt sie den kostbaren Stängel in eine Hülle aus feinstem Blattwerk ein. Das Mundstück bekommt aus einem Blattzipfel sein eigenes Häubchen übergezogen. Und nun ist es fertig, das edle Produkt: eine auf traditionelle Weise handgerollte Zigarre.

Links und rechts vom Eingang stehen zwei lebensgroße Indianerfiguren aus Holz, bunt bemalt und komplett mit üppigem Federschmuck. Der „Cigar Store Indian“ ist eine bekannte Werbefigur mit langer Geschichte. Zu einer Zeit, als ein großer Teil der Bevölkerung noch nicht lesen und schreiben konnte, brauchten die Ladenbesitzer eine Außendekoration, die auffiel und zum Ausdruck brachte: Hier gibt‘s Tabakwaren zu kaufen! Heute sind aus den kunstvoll gestalteten Holzmännern von damals begehrte Sammlerstücke geworden, die nicht selten für hohe fünfstellige Dollarsummen den Besitzer wechseln.

Aber warum ausgerechnet Indianer? Weil die Europäer sich das Rauchen von Tabakblättern bei den Ureinwohnern abgeschaut haben, und deren Abbilder stehen nun symbolisch für Tabak. Dabei pflegten sie selbst diesen Brauch nur zu rituellen Zwecken, erst die Weißen machten daraus eine Alltagsgewohnheit. Die American Indians sehen die Werbefiguren kritisch, da mit dieser Darstellung einmal mehr die gängigen Stereotype zur Schau gestellt werden.

Nicahabana Cigars ist nicht das einzige Zigarrengeschäft in Ybor City, denn das Stadtviertel, das sich so selbstbewusst als City bezeichnet, kann auf eine lange Tradition in dieser Branche verweisen.

Auf Zigarren gebaut

Als Vicente Martinez Ybor im Spätsommer 1885 das abgelegene Frontier-Städtchen Tampa besuchte, nahm dessen Geschichte eine entscheidende Wendung.

Ybor stammte aus Spanien, war aber schon in jungen Jahren nach Kuba ausgewandert, wo er eine erfolgreiche Zigarrenfabrikation aufzog. Dann allerdings unterstützte er die Anhänger der Unabhängigkeitsbewegung ein wenig zu offen und eifrig, so dass die spanischen Kolonialbehörden auf ihn aufmerksam wurden. Ybor zog es vor, die Insel zu verlassen, und stellte seine Zigarren fortan in Key West her.

Jetzt allerdings war er auf der Suche nach einem neuen Standort, denn die steigenden Preise und nervenaufreibenden Arbeitskämpfe ließen ihn mit Sorgen in die Zukunft schauen. Ebenso die Tatsache, dass er seine Produkte nur per Schiff versenden konnte, während der Gütertransport überall im Land längst per Eisenbahn abgewickelt wurde. „Viel zu teuer und umständlich“, schimpfte er so manches Mal vor sich hin.

„Wie wäre es mit Tampa?“, schlug ihm ein guter Freund vor, der gerade zu Besuch weilte. „Der Ort hat viel Potenzial für Entwicklung, und außerdem sind Gleisanschluss und Bahnstation bereits in Planung.“

Ybors Sorgenfalten glätteten sich. Schon wenige Tage später bestieg er einen Dampfer nach Tampa, um die Bedingungen vor Ort zu studieren, und die erwiesen sich tatsächlich als ideal für sein Business. Ybor überlegte nicht lange und schloss einen

Grundstücksdeal über 36 Hektar Land ab. Er hatte Großes im Sinn: nicht nur eine Zigarrenfabrik, sondern gleich eine ganze Stadt! Er nannte sie, ganz unbescheiden, Ybor City. Bereits zwei Jahre später, im Jahr 1887, sollte Ybor City nach Tampa eingemeindet werden, doch der stolze Name blieb.

Da die Herstellung von Zigarren Spezialkenntnisse erforderte, waren erfahrene Tabaqueros, Zigarrenarbeiter spanischer oder kubanischer Herkunft, nicht leicht zu bekommen. Um Anreize zu setzen, ließ Ybor hunderte von kleinen Wohnhäusern für seine zukünftigen Mitarbeiter errichten, schmale Gebäude aus Holz, die man „shotgun-style homes“ nannte, weil ein Schuss, den man durch die Vordertür abfeuerte, theoretisch gleich aus der Hintertür wieder austreten würde. Ybor bot sie den Leuten zu einem Preis an, der knapp über den Baukosten lag, zahlbar in kleinen Raten, die vom Lohn der Arbeiter abgezogen wurden.

Im April 1886 wurden in Ybor City die ersten Zigarren gerollt. Im selben Monat fegte eine Feuersbrunst durch Key West, die zahlreiche Zigarrenmanufakturen und hunderte von Wohnhäusern zerstörte – zum Vorteil der neuen Stadt, denn nun packten viele Tabaqueros ihre verbliebenen Habseligkeiten und zogen an die Tampa Bay um, wo sie sofort Arbeit in den Fabriken fanden. Gleich mehrere Zigarrenhersteller folgten, und bald siedelten sich auch andere Unternehmen an, die das Geschäftsleben bereicherten.

Im Jahr 1900 zählte Tampa fast 16.000 Einwohner, wovon der größte Teil in Ybor City lebte, zu jener Zeit die Zigarrenhauptstadt der Welt. Eine bunte, lebhafte Community von Einwanderern vor allem aus Kuba, Spanien, Italien und Osteuropa.

Das goldene Zeitalter der Stadt erreichte seinen Höhepunkt im Jahr 1929, als in den 150 Fabriken 500 Millionen Zigarren gerollt wurden. Dann aber setzte die Weltwirtschaftskrise ein und damit der Niedergang. Die Nachfrage nach Zigarren brach ein, buchstäblich noch befeuert durch die massenhafte Verbreitung der Zigarette, der neuen Mini-Zigarre für den kleinen Geldbeutel. Immer mehr Menschen verließen die Stadt, und die alten Gebäude begannen zu verfallen.

Erst in den achtziger Jahren kam der Abwärtstrend zum Stillstand, als Künstler den alten Stadtteil eroberten, auf der Suche nach preisgünstigen Ateliers. In den neunziger Jahren schließlich wurden viele der alten, schon lange leerstehenden Backsteingebäude an der 7th Avenue in Restaurants, Bars und Nachtclubs umgewandelt. Die ehemalige Zigarrenstadt fand zu neuem Leben zurück und avancierte zu einem beliebten Ausgehviertel.

Genussvolle Nikotinzufuhr

Als ich bei Nicahabana Cigars die feinen Zigarren mit ihren bunten Banderolen betrachte, überlege ich, wie es wohl sein mag, einen dieser dicken braunen Glimmstängel zu rauchen. Da ich selbst null Ahnung vom Paffen und Qualmen habe, tippe ich eine Nachricht an meine Freundin, die in ihrem Leben schon alles Mögliche ausprobiert hat. „Sag mal, hast du schon mal Zigarre geraucht?"

Prompt kommt die Antwort: „Ja klar! Ich habe mir eine dicke Zigarre besorgt, mir stilecht ein Glas Cognac eingeschenkt und mich damit in den Garten gesetzt, um mich dem Genuss zu widmen. Ich habe mir wirklich Mühe gegeben, aber bei jedem Zug wuchsen meine Kopfschmerzen (welchen zusätzlichen Anteil daran der Alkohol hatte, weiß ich nicht, aber es war wirklich nur ein Glas). Binnen kürzester Zeit wurden die Kopfschmerzen schier unerträglich, und geschmeckt hat es auch nicht. Also habe ich die Zigarre ausgemacht und mir statt Hochprozentigem zwei in Wasser aufgelöste Aspirin genehmigt. Hat nicht wirklich geholfen, der Tag war weitgehend gelaufen. Also: Nie wieder Zigarre!"

Wer weiß, vielleicht lag es an mangelnder Übung oder ungünstigen Umständen. Tatsache ist, dass weltweit zurzeit um die 500 Millionen Zigarren jährlich über den Ladentisch gehen, und deren Raucher werden das teure Kraut sehr wahrscheinlich ohne Kopfschmerzen genießen, sonst würden sie die Finger davonlassen.

Hauptproduzenten sind Nicaragua und die Dominikanische Republik, und an dritter Stelle folgt Kuba. Den Spitzenplatz für Qualität und Rauchgenuss belegen aber die „Habanos", die kubanischen Zigarren. Ein Exportschlager, der in alle Welt verschickt wird, nur nicht in die USA. Kein Geschäft darf sie verkaufen, und kein Amerikaner darf sie auf heimischem Boden paffen. Wer hat's verboten? US-Präsident John F. Kennedy, der 1962 alle kubanischen Produkte mit einem Handelsembargo belegte.

Das tat er nur ungern, war er doch selbst ein Liebhaber feiner Zigarren von der Insel. Nur wenige Stunden, bevor er die „Proclamation 3447" unterschrieb, rief er Pierre Salinger, seinen Pressesekretär, in sein Büro und bat ihn diskret, tausend Habanos für ihn zu besorgen, „und zwar heute noch, wenn's geht". Salinger führte den Auftrag gewissenhaft aus. Er klapperte sämtliche Smoke Shops in Washington D.C. und Umgebung ab und kam am Abend mit einer Beute von 1.200 Zigarren zurück.

Erst 2014 kehrten für die Genießer des edlen Produkts bessere Zeiten ein, wenn auch nur vorübergehend. Präsident Barack Obama lockerte die Sanktionen, indem er Reisenden erlaubte, kubanische Zigarren für den persönlichen Gebrauch einzuführen – es gab ohnehin einen florierenden Schwarzmarkt für die Ware. Sein Nachfolger Donald Trump aber setzte das Verbot 2020 wieder in Kraft. Mit markigen Worten, doch ohne große Wirkung, da der Online-Handel heute vielfältige Möglichkeiten bietet, solche Sanktionen lässig zu umgehen. Kubanische Quellen jedenfalls behaupten, dass bis zu fünfzig Prozent aller produzierten Habanos im nördlichen Nachbarland geraucht werden.

Das amerikanische Magazin *Cigar Aficionado* schätzt, dass in den USA noch etwa 50 Manufakturen Zigarren produzieren. Die meisten davon sind kleine Shops, die eine Hausmarke für die Liebhaber der gepflegten Nikotinzufuhr anbieten. Von den sieben Herstellern, die das Magazin für Tampa listet, ist der größte die J.C. Newman Cigar Company, ein mehr als hundert Jahre altes Familienunternehmen. Newman residiert in dem historischen El Reloj Building, zu erkennen an seinem Uhrenturm.

Bei Nicahabana Cigars geht gerade die Tür auf, und ein Herr kommt aus dem Laden. Mit seinem eleganten Stil hebt er sich auffällig von den Shorts-und-Sneakers-Touristen ab, die die Altstadt bevölkern. Er trägt einen hellen Anzug, ein schneeweißes Hemd – und, nein, sogar einen echten Panamahut! Ich starre ihn hingerissen an, bemerke die dunkelbraunen Augen und das graumelierte Bärtchen über der Oberlippe – so stelle ich mir einen argentinischen Rinderbaron vor! Da, jetzt schaut er in meine Richtung, und ich verwandle mein Starren schnell in ein freundliches Lächeln.

Er gesellt sich zu uns und erzählt, dass er immer in diesen Laden gehe, wenn er geschäftlich in Tampa zu tun habe. „Dann trinke ich einen Café Cubano, genieße meine Zigarre und plaudere ein wenig mit den Leuten. Ein schönes Ritual!" Er schiebt seine Hand in die Jackentasche und holt eine mittelbraune Zigarre heraus. „Die Julieta, meine Lieblingssorte. Ich werde sie rauchen, wenn ich wieder zu Hause in Miami bin." Sein zufriedener Gesichtsausdruck zeigt, dass er sich jetzt schon darauf freut.

Ich frage ihn, was denn beim Rauchen einer Zigarre das Besondere sei. „Man sollte sich Zeit dafür nehmen", antwortet er, „schließlich geht es um stilvolle Entspannung. Ich schenke mir dann immer ein Glas Rotwein ein, setze mich auf die Veranda und genieße dabei meine Julieta. Schaue den Schmetterlingen und Bienen in meinem Garten zu und habe das Gefühl, dass die Welt in Ordnung ist. Und dass ich in diesen Minuten nichts tun muss, um sie zu ändern." Er wünscht uns noch eine gute Reise, dann schlendert er weiter die 7th Avenue entlang.

Ist schon schade, denke ich mit einem leisen Anflug von Neid, dass ich zu dieser Form des feinen Genusses keinen Zugang habe. Auch wenn meine Lunge dadurch rußfrei geblieben ist. Ich könnte jetzt in den Laden gehen und mir eine Zigarre kaufen. Und was mache ich dann damit? Meiner Freundin bringe ich sie jedenfalls nicht mit ...

Cuban Sandwich Ybor City-Style – kubanisches Sandwich wie in Ybor City

Zutaten für 4 Personen:

4 Baguette-Brötchen
4 El mittelscharfer Senf
400 g Schweinefleisch, gekocht oder gebraten
400 g Schweizer Käse
8 Scheiben gekochter Schinken
8 ganze Dillgurken
2 El Butter

Zubereitung:

Backofen auf 180°C vorheizen. Die Baguette-Brötchen längs aufschneiden und beide Schnittseiten mit Senf bestreichen. Untere Hälften mit dünnen Scheiben Schweinefleisch und gekochtem Schinken belegen. Die Dillgurken längs in Scheiben schneiden und darauflegen. Den in Scheiben geschnittenen Käse hinzufügen. Obere Brötchenhälfte daraufklappen und das Sandwich gut zusammendrücken. Die Brötchen auf beiden Seiten mit etwas Butter bestreichen und im Backofen backen, bis das Brot knusprig und der Käse geschmolzen ist.

Das Cuban Sandwich, kurz "cubano", soll in Ybor City erfunden worden sein. Die Besitzer der Zigarrenfabriken stellten fest, dass ihre Angestellten beim Lunch große Mengen Essen zu sich nahmen und dadurch am Nachmittag weniger leistungsfähig waren. Das kubanische Sandwich sollte Abhilfe schaffen.

Know-how aus Griechenland – die Schwammtaucher von Tarpon Springs

Stern von Mykonos, Sirtaki, Tsatsiki, die Bouzoukis klingen – in Tarpon Springs am Golf von Mexiko fallen mir sämtliche griechischen Klischees ein. Kein Wunder, denn wir sehen griechische Namen an den Läden und Lokalen, weißgetünchte Häuser mit blauen Fensterrahmen und bunte Fischerboote am Hafen. Und vor der griechisch-orthodoxen Kirche Saint Nicholas weht die blauweiße Fahne Griechenlands – aber auch das amerikanische Sternenbanner. Laut Statistik können rund zwölf Prozent der Einwohner auf griechische Vorfahren verweisen.

Dass die Griechen einst in Scharen nach Florida strömten, hängt mit einer seltsamen Kreatur zusammen, die auf dem Meeresgrund zu Hause ist. Doch zwanzig Jahre zuvor kam erst einmal Mary Ormond und prägte auf ihre Weise die Geschichte der Stadt. „See the tarpon spring!“, rief sie ganz begeistert und zeigte mit ausgestrecktem Zeigefinger auf einen riesigen Fisch mit silbrigen Schuppen, der direkt vor ihren Augen aus dem Fluss sprang, um Sekunden später unter lautem Platschen wieder ins Wasser einzutauchen. Das junge Mädchen hatte allen Grund zu staunen, denn der Atlantische Tarpun beeindruckt mit einer Größe von mehr als zwei Metern. Aus ihrem Ausruf, so die Legende, entstand der Name der Stadt.

Mary Ormond und ihr Vater gehörten zu den ersten Siedlern, die sich 1876 hier niederließen. Die fruchtbare und fischreiche Gegend ist geprägt durch ein Gewirr von Wasserläufen, den sogenannten Bayous, die träge und in vielen Windungen in Richtung Küste fließen, wo sie in den Golf von Mexiko münden. Ungeachtet seiner Rolle als Namensgeber ließ sich der Tarpun schon damals nur selten blicken, viel häufiger schwammen Meeräschen in den flachen Gewässern.

Die Fischer, die den Reichtum des Meeres in ihren Netzen fingen, ahnten nicht, welche Schätze auf dem Grund des Ozeans verborgen lagen. Und auch die wohlhabenden Besucher aus dem Norden, die ab 1888 ganz komfortabel mit der Eisenbahn anreisen konnten, kamen einzig und allein wegen des milden Winterklimas.

Einer der Snowbirds jedoch, John K. Cheney, Investmentbanker aus Philadelphia, begnügte sich nicht damit, in der Sonne zu liegen und gelegentlich seine Angel auszuwerfen, um das Abendessen aus dem Bayou zu holen. Im Hafen von Key West hatte er die Schwammfischer gesehen, wie sie mit ihren voll beladenen Booten von den Anclote Keys zurückkehrten, der Inselgruppe vor Tarpon Springs. Dort pflegten sie ihren Fang auszuwaschen, zu reinigen und zu trocknen. In Key West schließlich wurde die begehrte Handelsware in alle Welt verkauft.

„Was Key West kann, können wir erst recht", sagte Cheney zuversichtlich, „immerhin haben wir nicht nur einen Hafen, sondern auch einen Eisenbahnanschluss." Und er beschloss, in Tarpon Springs ein Zentrum der Schwammfischerei aufzubauen.

Die Griechen rücken an

Für die Schwammfischer waren die seichten Gewässer vor der Golfküste Floridas das ideale Revier. Mit Eimern, in die ein Glasboden eingelassen war, machten sie die Schwammfelder ausfindig. Dann spießten sie ihre Beute mit Speeren auf oder zogen sie mit langen Stangen, die an einem Ende drei Eisenhaken aufwiesen, an die Oberfläche.

Mit dieser Methode allerdings wollte sich der Banker nicht zufriedengeben. Im tieferen Wasser müsste doch noch viel mehr zu holen sein! Cheney heuerte zwei erfahrene Schwammtaucher an, Demosthenes Kavasilas and Stylianos Besis, die das operative Geschäft der neu gegründeten Anclote and Rock Island Sponge Company leiten sollten. Die beiden Griechen stammten von den Dodekanes, einer Inselgruppe in der östlichen Ägäis, wo junge Männer seit Generationen nach Schwämmen tauchten und so den Lebensunterhalt ihrer Familien sicherten.

Als Demosthenes und Stylianos ihren ersten Tauchgang im Golf von Mexiko unternahmen, trauten sie ihren Augen kaum – sie waren in einem Paradies gelandet! Am Meeresboden wucherten dunkle Schwämme in dichten Feldern. Korallen in leuchtenden Rot- und Rosatönen bildeten langgestreckte Riffe, bewachsen von einem bunten Dickicht aus Algen. Sonnenlicht sickerte in das geheimnisvolle Blau. Durch den Unterwassergarten zogen Fische in schillernden Regenbogenfarben.

Viel zu schnell mussten die Männer wieder auftauchen, um Atem zu schöpfen. An diesem Tag beförderten sie körbeweise die weichsten und haltbarsten Schwämme der Welt in ihr Boot. Was für ein Erfolg! Dennoch: Mit der Arbeit von Tauchern, die immer nur eine ausgedehnte Atempause lang unter Wasser bleiben konnten und deshalb nicht in die Tiefe gelangten, ließen sich keine großen Märkte erobern. Außerdem konzentrierte sich das Geschäft nach wie vor in Key West, und kaum ein Fischer oder Bootsbesitzer dachte daran, den Standort zu wechseln.

Das jedoch änderte sich im Jahr 1898, als die USA einen Krieg gegen Spanien führten. Im Fokus des Konflikts standen Kuba und andere überseeische Besitzungen der alten Kolonialmacht. Um der spanischen Kriegsflotte, die nun in der Karibik kreuzte, nicht in die Quere zu kommen, zogen die Schwammfischer schließlich doch nach Tarpon Springs um und betrieben von hier aus ihr Handwerk.

Etwa zur gleichen Zeit vernichtete eine Algenblüte die Schwammbestände im östlichen Mittelmeer und damit die Wirtschaftsgrundlage zahlreicher Fischer auf den Inseln. Viele wanderten in andere Weltgegenden aus, wo sie weiterhin als Schwammtaucher arbeiten konnten, und so ließen sich auch einige von ihnen in Tarpon Springs nieder.

Das Know-how, das sie mitbrachten, war für Unternehmer wie John K. Cheney Gold wert. Sie verstanden es nämlich, mit einer speziellen Ausrüstung zu tauchen, dem „skafandro", einem gummierten Segeltuch-Anzug, den sie mit einem kugelförmigen Helm aus Messing oder Kupfer kombinierten. Die Luft zum Atmen wurde vom Boot aus über einen Schlauch in den Helm geleitet. Dadurch konnten die Schwammtaucher tiefer in den Ozean vordringen, längere Zeit auf dem Meeresgrund bleiben und dabei ein Vielfaches an Schwämmen sammeln. Eine lebensgefährliche Tätigkeit, denn die Taucherkrankheit, hervorgerufen durch zu schnelles Auftauchen, war zu dieser Zeit noch ein ungelöstes Rätsel.

Die reichen Schwammbestände lockten bis Ende 1905 mehr als 500 junge Griechen an, und die Schwammfischerei entwickelte sich zu einem millionenschweren Business. Nicht nur John K. Cheney strich satte Profite ein, sondern auch viele Griechen, die sich selbstständig gemacht hatten und auf eigene Rechnung hinaus aufs Meer fuhren.

Der Boom hielt bis 1947 an, als auch im Golf von Mexiko eine giftige Algenpest die Schwämme absterben ließ. Eine Krise, aber keine Katastrophe, da viele Taucher zur Garnelenfischerei wechseln konnten. Gleichzeitig sorgte der Tourismus für Arbeitsplätze und gute Einnahmen. Als die Bestände sich erholt hatten, fuhren die Boote wieder hinaus, und die Schwammfischerei wurde auf einem deutlich bescheideneren Level wieder aufgenommen.

SpongeBob auf dem Sponge Dock

Um welche Schwämme geht es hier eigentlich? Die Dreierpacks aus dem Drogeriemarkt für 99 Cent sind jedenfalls nicht gemeint. Und ebenso wenig der Luffaschwamm, der vor seiner Nutzung als Badeschwamm als grüner Schwammkürbis wächst. Die Schwämme aus den Ozeanen dagegen sind dunkle, schleimige Kreaturen, die zunächst keinerlei Ähnlichkeit mit dem porösen gelben Endprodukt aufweisen, das in den Geschäften von Tarpon Springs verkauft wird.

Im Meer leben über 8.300 Arten von Schwämmen in allen Größen, von stecknadelklein bis mannshoch, von denen die meisten schon in den Urzeiten der Evolution entstanden sind. Nur wenige von ihnen eignen sich für die kommerzielle Nutzung. Es sind einfach gebaute Wesen ohne Sinnesorgane, die den ganzen Tag damit zubringen, Plankton aus dem Meerwasser zu filtern. Die Natur hat sie mit einem feinmaschigen, saugfähigen Skelett ausgestattet, überzogen von einem gallertartigen Weichkörper. Nach der Ernte werden Schmutz und Weichteile aus den Schwämmen entfernt, und übrig bleibt das Skelett. Wenn Sie also mit einem Naturschwamm über Ihre Haut streichen oder die Fliesen in Ihrem Badezimmer polieren, dann halten Sie das Skelett eines Tieres in der Hand.

Ein phantasiebegabter Mann hat diesem Tier, das auf den ersten Blick mehr einer Pflanze gleicht, Gesicht und Charakter verliehen: Stephen Hillenburg, ein Meeresbiologe und Trickfilmzeichner. Der urtümliche Schwamm faszinierte ihn und regte ihn dazu an, für den Kindersender Nickelodeon die Trickfilmserie um SpongeBob zu entwickeln. Die eckige gelbe Schwammkopf-Figur, die unter Wasser in der Burgerbude Krusty Krab (für deutsche Fans: Krosse Krabbe) arbeitet, begeistert seit mehr als 20 Jahren Kinder auf der ganzen Welt.

Obwohl der billige synthetische Ersatz seit Jahrzehnten zur Verfügung steht, sind Naturschwämme nach wie vor gefragt. Sie gelten als besonders weich, hautfreundlich und haltbar. Und biologisch abbaubar sind sie auch. Sehr genial: Wenn der Taucher einen Schwamm abschneidet, also nicht herausreißt, dann wächst das seltsame und überaus praktische Wesen einfach wieder nach. Da kann der gewöhnliche Schaumgummischwamm wahrhaftig nicht mithalten.

Vor den Souvenirläden in Tarpon Springs stehen Körbe voller Schwämme in allen Größen, rund oder länglich, oft auch mit Griff. Egal, was Sie einseifen oder schrubben möchten, hier finden Sie garantiert das passende Utensil.

Auf den Sponge Docks, den Kaianlagen am Anclote River, können wir den Schwammfischern bei ihrer Arbeit zusehen. Gerade eben haben sie große Sacknetze ausgeladen, prall gefüllt mit dicken runden Schwämmen. Gleich nebenan, vor einem Boot mit dem Namen Agios Nikolaos, liegen haufenweise seltsame braune Schwammexemplare, die in ihrer Form an Blumentöpfe erinnern.

Ebenfalls auf dem Kai steht ein gutaussehender junger Mann im Gummianzug, mit dem schweren klobigen Helm in beiden Händen – ein Denkmal aus Bronze, das an die tapferen Taucher früherer Zeiten erinnert. Heute, da es Neoprenanzüge, Sauerstoffflaschen und klare Regeln zur Dekompression gibt, müssen die Kerle nicht mehr ganz so tapfer sein.

Im Zuge der Einwanderungswelle aus dem östlichen Mittelmeer wuchsen entlang der Sponge Docks griechische Restaurants aus dem Boden, damit die Taucher Moussaka und Souvlaki wie bei Muttern speisen konnten. Als dann die Touristen Postkarten nach Hause schickten, auf denen muskulöse griechische Taucher wie junge Götter abgebildet waren, sprach es sich herum, was für ein malerischer Ort Tarpon Springs war. Hier konnte man Urlaub machen wie in Griechenland, aber mit allen amerikanischen Annehmlichkeiten.

Und das gilt noch heute. Hungrige Gäste haben die Wahl zwischen Hellas Restaurant & Bakery, Mama's Greek Cuisine, Mykonos Authentic Greek Cookery und zahlreichen anderen blauweiß dekorierten Esslokalen. Aber wenn die Kinder quengeln, dann kann man mit ihnen auch zu McDonald's fahren.

Und wo gehen wir heute Abend essen? Na, beim Griechen natürlich, wo es Tsatsiki gibt und die Bouzoukis klingen!

Tarpon Springs-Style Greek Salad – griechischer Salat wie in Tarpon Springs

Zutaten für den Kartoffelsalat (6 Personen):

700 g festkochende Kartoffeln
2 Schalotten
3 Knoblauchzehen
100 g Mayonnaise
1 El Rotweinessig
1 Tl Zitronensaft
3 El glatte Petersilie, gehackt

Für den grünen Salat:

1 mittelgroßer Salatkopf
1 mittelgroße Salatgurke
1 Frühlingszwiebel
3 Eiertomaten
½ grüne Paprika
½ Dose Kichererbsen
200 g Fetakäse
70 ml Olivenöl
70 ml Rotweinessig
1 El Zitronensaft
1 El frischer Oregano, gehackt
1 Prise Salz

Zubereitung:

Kartoffeln 20-25 Minuten kochen, dann pellen und in Würfel schneiden. Schalotten und Knoblauch fein würfeln und hinzufügen. Mayonnaise, Essig, Zitronensaft und Petersilie verrühren und unter die Kartoffeln heben. Für mindestens eine Stunde in den Kühlschrank stellen.

Den Salatkopf in Streifen schneiden, Gurke schälen und in Würfel schneiden, Zwiebel fein würfeln, Tomaten und Paprika in Würfel schneiden. Kichererbsen spülen und abtropfen lassen. Alles in einer Schüssel vermischen. Zutaten für das Dressing verrühren und vor dem Servieren über den grünen Salat geben. Fetakäse zerkleinern und vorsichtig unterheben.

Jeweils einige Löffel Kartoffelsalat auf einen Teller geben und mit einer Portion grünem Salat bedecken.

Der Zauber von Licht und Schatten – die Schriftstellerin Marjorie Kinnan Rawlings

„Jeder Mensch findet seinen Zauber in anderen Dingen", sagte Marjorie nachdenklich. Es war niemand anwesend, der ihr zuhörte, dennoch sprach sie den Gedanken laut aus. Es gefiel ihr, dem Klang der Wörter nachzuspüren. „Doch was mich betrifft, so erlebe ich den wunderbarsten Zauber, wenn ich aus dem hellen Sonnenlicht in den Schatten der Orangenbäume trete und unter dem gewölbten Dach ihrer jadegrünen Blätter umhergehe."

Sie lächelte versonnen, und obwohl sie gerade auf ihrer Veranda saß, vor sich auf dem Tisch die aufgeschlagene Kladde mit ihren Aufzeichnungen, wanderte sie im Geiste durch ihren Garten. Sie sah die langen Reihen der flechtenbewachsenen Baumstämme vor sich und nahm die seltsame, kaum fassbare Stimmung wahr, die in dieser dämmrigen Abgeschiedenheit herrschte. Eine Anderswelt, in die doch immer wieder ein Lichtstrahl fiel, der seinen Weg durch das Laub fand. Die uralte, geheimnisvolle Magie von Licht und Schatten, dachte Marjorie.

Sie tauchte den Füllfederhalter in das Tintenfässchen auf dem Tisch und schrieb ihren Gedankengang in ihrer schnellen, schwungvollen Handschrift nieder. Dann hielt sie inne und blickte um sich. Sie hörte das leise Rascheln der Blätter, sah Schmetterlinge über üppig blühenden Blumen tanzen und roch die gute, fruchtbare Erde, die noch feucht war vom letzten Regenschauer. An keinem anderen Ort hatte sie sich jemals so sehr zu Hause gefühlt wie hier.

Marjorie Kinnan Rawlings wurde 1896 in Washington D.C. geboren, als Tochter des Patentanwalts Arthur F. Kinnan. Schon als Schulkind, kaum dass sie die Buchstaben gemeistert hatte, schrieb sie phantasievolle kleine Texte, und im Jugendalter verfasste sie bereits Kurzgeschichten für die Kinderseiten verschiedener Zeitungen. Als Marjorie sechzehn war, starb der Vater, doch er hatte genug Geld beiseitegelegt, damit seine begabte Tochter die Universität besuchen konnte. In Madison, Wisconsin, studierte Marjorie englische Literatur und kreatives Schreiben, um anschließend ihr Geld als Redakteurin für verschiedene Magazine zu verdienen.

In dieser Zeit lernte sie den Autor Charles Rawlings kennen. Als die beiden heirateten, hätten die Konventionen von Marjorie verlangt, fortan ein Leben als brave bürgerliche Ehefrau zu führen. Doch sie interessierte sich nicht für Häkeldeckchen und Teekränzchen, stattdessen verfolgte sie eigene berufliche Pläne. Wenn man sich Fotos von ihr anschaut, dann fällt der entschlossene Gesichtsausdruck auf – er verrät eine gehörige Portion Durchsetzungskraft.

Marjorie träumte davon, ihr Talent zu entfalten und Schriftstellerin zu werden, doch wie sollte sie in ihrem Alltag die Zeit dazu finden? Die Chance, ihren Traum zu verwirklichen, ergab sich ganz unvermutet. Als ihr nach dem Tod der Mutter eine kleine Erbschaft in den Schoß fiel, kaufte sie zusammen mit ihrem Mann einen 29 Hektar großen Orangenhain in Cross Creek, einem von Wildnis umgebenen Weiler im Nordosten von Florida, rund 20 Meilen südöstlich der Universitätsstadt Gainesville. Inmitten des Hains lag ein altes Farmhaus, und dort wollte Marjorie leben und schreiben.

„Was um alles in der Welt fängst du in so einem winzigen Nest an, völlig abseits von Geschäften und jeder Kultur?", fragten ihre Freundinnen. Und als sie erfuhren, dass es weder Strom noch Toiletten im Haus gab, schüttelten sie verständnislos den Kopf. Marjorie aber ließ sich nicht beirren. Im Herbst 1928 kehrte sie den großen Städten für immer den Rücken und zog ins ländliche Florida.

Das Knallen der Peitsche

Cross Creek liegt an dem gleichnamigen Wasserlauf, der die beiden Seen Orange Lake und Lochloosa Lake miteinander verbindet. Zu der Zeit, als Marjorie Kinnan Rawlings sich hier niederließ, wohnten gerade einmal sieben Familien in dem kleinen Ort, Menschen, die dem Land mit ihrer Hände Arbeit ein kärgliches Auskommen abrangen.

Florida, wie wir es heute kennen, mit Hotelburgen an langen Sandstränden, Apartmentanlagen, Swimmingpools und Vergnügungsparks – nichts könnte weiter entfernt sein vom Leben der Landbewohner während einer Zeit, die noch gar nicht so lange zurückliegt. Erst 1948 bekam Cross Creek seinen Anschluss an das Stromnetz, und etwa zur gleichen Zeit wurde die Landstraße asphaltiert, die durch den Ort führt. Wie man früher ohne Kühlschrank, Telefon und Klimaanlage auskam, davon wissen die älteren Crackers noch zu erzählen.

Die „Florida Crackers", das sind die alteingesessenen Weißen, die in den ärmeren ländlichen Regionen Floridas seit Generationen von der Landwirtschaft leben, im Unterschied zu den vergleichsweise wohlhabenden Neuankömmlingen, die vom warmen Klima und den Möglichkeiten der Tourismusbranche in den Bundesstaat gelockt werden.

Woher stammt die eigentümliche Bezeichnung? Im England des 16. Jahrhunderts bezog sich das Wort auf Männer aus dem einfachen Volk, die durch ein großes Mundwerk und schnelle Fäuste auffielen. Später verwendeten es die Kolonialherren des 18. Jahrhunderts für die Einwanderer aus England, Schottland und Irland, die sich im Süden Floridas niedergelassen hatten, in den Augen der herrschenden Klasse allesamt ungehobelte, großmäulige Gesellen, die sich nicht an die Gesetze hielten.

Die Betroffenen selbst hingegen haben eine andere Erklärung parat: Die Bezeichnung leite sich von dem Knallen (= crack) der Peitsche her, die die Florida-Cowboys durch die Luft sausen ließen, wenn sie ihre Rinderherden zusammentrieben. Auch die Arbeit mit den Rindern steht in alter Cracker-Tradition.

In ihren abgelegenen Siedlungen entwickelten die Crackers eine eigene Kultur. Wie sie ihre Häuser bauten, welches Essen bei ihnen auf den Tisch kam, welche Geschichten sie erzählten, all diese kulturellen Besonderheiten sind in unmittelbarem Bezug zu den rauen Bedingungen der Umgebung entstanden. Noch heute verweisen die Nachkommen der Pioniere mit Stolz darauf, dass sie von Siedlern abstammen, die ihren harten Alltag unmittelbar an der „frontier“, der Grenze zur Wildnis, bewältigten.

Auch das 40 Jahre alte Farmhaus, das Marjorie Kinnan Rawlings nun bewohnte, war im Cracker-Stil erbaut worden, zusammengesetzt aus drei Gebäudeteilen, die durch lange hölzerne Veranden miteinander verbunden sind. Um Käfer und Ameisen daran zu hindern, das Haus zu erobern, hatte man den Boden ein wenig erhöht angelegt. Die dünnen Wände bestehen lediglich aus Brettern und Latten aus einheimischem Kiefernholz, ohne zusätzliche Isolierung. Vor der schwülen

Sommerhitze schützen zuverlässig Schatten und Wind: Das Dach reicht bis über die breiten Veranden, und durch die vielen Türen und Fenster weht immer eine leichte Brise ins Haus.

Leben und Schreiben am Rande der Wildnis

Voller Faszination tauchte Marjorie ein in die kleine Welt von Cross Creek, die von eigenwilligen Charakteren bevölkert war. Und die zeigten anfangs ein gehöriges Misstrauen gegen diese fremde Frau, die sich mit Büchern umgab und stundenlang auf ihrer Veranda hockte, um einer so unnützen Beschäftigung wie dem Schreiben nachzugehen. Und warum ließ sich ihr Ehemann so selten blicken?

Mit freundlicher Hartnäckigkeit gelang es Marjorie schließlich, das Vertrauen der Leute zu gewinnen, indem sie ihnen geduldig zuhörte und ein waches Interesse an deren Lebensumständen bekundete. Allerdings nicht ohne Hintergedanken, denn die Menschen und ihre Geschichten dienten ihr als Inspiration für ihr literarisches Schaffen.

Täglich füllte Marjorie viele Seiten in ihren Notizbüchern. Sie beschrieb die Eigenarten der Menschen, hielt fest, was sie in der Natur vor ihrer Haustür beobachtete, und notierte die Kochrezepte ihrer Nachbarinnen. Cross Creek wurde für sie zu einer unerschöpflichen Quelle der Kreativität. Und nach und nach konnte sie ihre Beobachtungen und Eindrücke, angereichert mit einem kräftigen Schuss Phantasie, in Erzählungen und Romane verwandeln.

Schriftstellerische Erfolge stellen sich selten über Nacht ein – wovon also lebte Marjorie in den ersten Jahren? Zunächst bot ihr der Orangenhain, den sie mithilfe von Arbeitskräften aus der Umgebung bewirtschaftete, eine solide Existenzgrundlage.

Doch im Jahr 1930 nahm ihre Karriere Fahrt auf, als es ihr gelang, gleich zwei Kurzgeschichten bei einem renommierten Verlag in New York unterzubringen.

Als das erste Honorar eintraf, gönnte Marjorie sich einen lange entbehrten Komfort: ein Badezimmer im Haus. Als die letzte Leitung verlegt war und die Wasserspülung verheißungsvoll gurgelte, lud Marjorie ihre Nachbarn zum Eröffnungsfest ein. Sie stellte ein Tablett mit Gläsern auf die Toilette, füllte die Badewanne mit Sodawasser und Eiswürfeln, und auf der Kommode platzierte sie einen riesigen Strauß mit duftenden roten Rosen, der von Stil und Eleganz kündete. „Kaum etwas ist sein Geld so sehr wert wie ein Badezimmer“, schwärmte Marjorie.

Drei Jahre später veröffentlichte sie ihr erstes Buch, *South Moon Under*. Im Mittelpunkt der Romanhandlung steht ein junger Mann, der seinen Lebensunterhalt mit der Herstellung und dem Verkauf von „moonshine“ bestreitet, illegal gebranntem Schnaps. Um nicht erwischt zu werden, stellen die Moonshiners den Alkohol bei Nacht her, mit anderen Worten: bei Mondschein. Mit diesem Werk gelang Marjorie der Durchbruch: Der einflussreiche Book-of-the-Month Club stellte es den interessierten Lesern als Buch des Monats vor, außerdem wurde es in die Auswahlliste für den Pulitzer-Preis aufgenommen.

Als sie die begehrte Auszeichnung 1939 dann tatsächlich erhielt, für ihren Roman *The Yearling*, da stieg Marjorie Kinnan Rawlings zum strahlenden Stern am amerikanischen Literaturhimmel auf. Das Buch handelt von einem Jungen, der ein verwaistes Rehkitz aufzieht, doch vor allem geht es ums Erwachsenwerden; auf diesen Aspekt bezieht sich der Titel der deutschen Übersetzung, *Frühling des Lebens*. MGM sicherte sich die Filmrechte und brachte den Streifen 1946 in die Kinos. Mit großem Erfolg, denn der Film wurde mit drei Oskars prämiert.

Ihr Autorenhonorar steckte Marjorie in den Anfangsjahren vor allem in die Renovierung des Farmhauses. Sie übertünchte das allgegenwärtige Grau der Wände mit weißer Farbe, bestellte Handwerker, die das Dach mit neuen Schindeln aus Zypressenholz deckten, und stattete die lange Veranda mit Fliegengittern aus. Ein Generator sorgte für elektrisches Licht, und auch die Gäste durften nun den Luxus eines eigenen Badezimmers genießen. Das alte Holzhaus mit seinen schattigen Veranden strahlte Behaglichkeit und liebevolle Pflege aus. „Und doch lässt die Verwitterung das Haus immer ein wenig schäbig wirken“, schrieb Marjorie in ihren Memoiren. „Eine ständige Erinnerung daran, dass Wind und Regen, die unbarmherzige Sonne und der herankriechende Dschungel jeden Moment zur Übernahme bereit sind.“

Die Schriftstellerin hatte ein Hobby: Sie kochte leidenschaftlich gern und liebte es, Gäste zu bewirten. Auf dem uralten Holzofen in ihrer Küche zauberte sie die wohlschmeckendsten Gerichte, von einfachen Cracker-Mahlzeiten bis hin zu Gourmet-Kreationen, wobei Obst, Gemüse und Kräuter meist aus dem eigenen Garten stammten. Marjorie hielt außerdem Hühner und eine Kuh, die Dora hieß und deren Milch in Form von Sahne bei kaum einem Rezept fehlte. „Meine literarischen Fähigkeiten dürfen die Leute gerne in Frage stellen, so kritisch, wie sie wollen“, sagte Marjorie. „Aber wenn jemand meine Kochkünste nicht würdigt, das macht mich wirklich wütend.“

Welche Rolle spielte eigentlich der Ehemann im Leben der berühmten Autorin? „Gar keine“, hätte diese auf eine solche Frage geantwortet. „Charles konnte sich nie für das Landleben begeistern. Er vermisste hier so mancherlei, und deshalb haben wir uns 1933 getrennt.“

Im Jahr 1941 heiratete sie erneut, und zwar den fünf Jahre jüngeren Hotelier Norton Baskin. Beide behielten jedoch ihr unabhängiges Leben bei. Marjorie widmete sich weiterhin dem Schreiben, und Norton betrieb sein Hotel. Offenbar ein erfolgreiches Agreement, denn die Ehe währte zwölf Jahre – bis zu ihrem plötzlichen Ende im Dezember 1953, als Marjorie Kinnan Rawlings an den Folgen einer Gehirnblutung starb.

Eine versunkene Welt

Das Anwesen in Cross Creek steht heute als Historic State Park unter staatlicher Verwaltung und wird gepflegt und bewirtschaftet. Der Park soll die Erinnerung an die Schriftstellerin bewahren, die in ihren Geschichten die Menschen im ländlichen Florida in den Mittelpunkt stellte. Eine versunkene Zeit, die auf diese Weise auch für nachfolgende Generationen lebendig bleibt.

Vom Parkplatz in Cross Creek führt eine kleine Pforte in das Reich von Marjorie Kinnan Rawlings. Das Tor knarrt leise, als wir es öffnen. Wir betreten den Orangenhain, Marjories Seelenheimat. Gleich am Eingang lesen wir auf einer Holztafel ein Zitat, das aus ihrem autobiographischen Buch *Cross Creek* stammt:

„Man sollte den nüchternen Highway verlassen, durch die rostige Pforte treten und sie hinter sich schließen. Nun befindet man sich mitten im Orangenhain, hat die eine Welt hinter sich gelassen und ist im geheimnisvollen Herzen einer anderen Welt angekommen. Und nach langen Jahren der spirituellen Einsamkeit und der Sehnsucht kann man sie wieder erleben, die mystische Schönheit der Kindheit. Und spürt: Hier bin ich zu Hause.“

Weiße Blüten leuchten zwischen den dunkelgrünen Blättern. Gleich daneben hängen schon pralle Früchte, denn die Wunderbäume bringen beides gleichzeitig fertig: blühen und Früchte tragen. Zwischen den Stämmen schleicht eine orangegelbe Katze umher. Ein mit Sand bestreuter Spazierweg führt zum Wohnhaus, und es kommt uns vor, als würden wir eine Zeitreise in die Mitte des 20. Jahrhunderts unternehmen.

Haus und Hof wirken gerade so, als wäre die Autorin noch anwesend. Im Carport gleich links neben der Veranda parkt ein betagtes, puddinggelbes Auto, ein Oldsmobile aus den vierziger Jahren. Ich stelle mir vor, dass Marjorie vor ein paar Minuten erst zurückgekommen ist, von ihren Einkäufen oder von einem Besuch. Vielleicht ist sie in die Küche gegangen, um auf dem Holzofen ein neues Rezept auszuprobieren. Gleich wird sie aus dem Haus treten, um noch ein paar Kräuter zu pflücken. Oder sie setzt sich an die Schreibmaschine draußen auf der Veranda, weil sie endlich die fix und fertig ausformulierten Sätze aufschreiben will, die sie schon den ganzen Vormittag im Kopf mit sich herumträgt.

Vorher aber bleibt sie einen Moment lang stehen und blickt hinüber zu ihren geliebten Bäumen. „Ich begreife nicht“, sagt sie, und ihre Stimme klingt verwundert, „wie man leben kann, ohne einen Rückzugsort voller Zauber zu besitzen.“

Hoppin' John – Schwarzaugenbohnen mit Speck und Reis

Zutaten für 4–6 Personen:

200 g getrocknete Schwarzaugenbohnen
200 g weißer Langkornreis
200 g Frühstücksspeck
1 grüne Paprika
1 Zwiebel
1 El Butter
1 Tl scharfe Pfeffersauce
½ Tl Thymian
Salz und Pfeffer

Zubereitung:

Die Bohnen über Nacht in reichlich kaltem Wasser quellen lassen. Am nächsten Tag gründlich spülen, dann abtropfen lassen. In einem Topf mit Wasser bedeckt aufkochen und bei geringer Hitze ca. 1 Stunde kochen. Den Reis mit der doppelten Menge Wasser aufkochen und bei geringer Hitze ca. 20 Minuten kochen. Butter in einer großen Pfanne zerlassen und den in Streifen geschnittenen Speck braten. Aus der Pfanne nehmen. Paprika und Zwiebel schälen, würfeln und bei mittlerer Hitze in dem restlichen Fett braten, bis sie weich sind. Bohnen, Reis, Speck, Thymian und Pfeffersauce hinzufügen sowie Salz und Pfeffer nach Geschmack. Die Bohnen-Reis-Mischung noch einmal erhitzen und dabei gut durchrühren. Mit frischem Salat servieren.

Hoppin' John ist ein beliebtes Cracker-Gericht. Nicht nur in Florida, sondern auch in den anderen Südstaaten ist es Tradition, es am Neujahrstag zuzubereiten. Schwarzaugenbohnen und Reis zu essen, so heißt es, bringt im neuen Jahr Glück und Erfolg.

Die Herren von Florida – Osceola, Held der Seminolen

In bunter Kriegsbemalung kommt er aufs Spielfeld geritten, Chief Osceola, der Held der Seminolen. Er reitet auf Renegade, seinem schwarz gefleckten Appaloosa-Pferd. In der erhobenen rechten Hand trägt er seinen Speer, geschmückt mit Federn in den Farben des Stammes, weiß, schwarz, rot und gelb. Die Speerspitze zeigt nach unten, das obere Ende brennt feuerhell wie eine Fackel.

Die Aufregung im vollbesetzten Stadion steigt. Angeführt von einer Musikkapelle in rotweißen Uniformen singen die Fans auf den Tribünen ihre rhythmischen Kriegsgesänge. Ein großartiges Spektakel! Osceola ist nun in der Mitte der Rasenfläche angekommen. Er holt aus – und stößt den Speer in den Boden. Beifall brandet auf, das Football Match kann beginnen.

Der Auftritt von Osceola auf Renegade darf bei keinem Heimspiel der Florida State Seminoles fehlen. Das Team der Florida State University in Tallahassee ist stolz auf sein originelles Maskottchen, das ihnen schon so viel Glück in Form begehrter Trophäen beschert hat. In das Kostüm des berühmten Chiefs schlüpft jedes Mal ein Student, der in der Lage ist, ein Pferd auch im Tumult mit sicherer Hand zu führen.

Wer war Osceola? Und wer sind die Seminolen?

Die Ureinwohner vom Volk der Seminolen betrachten das Gebiet von Florida als ihre angestammte Heimat, wobei ein Teil von ihnen heute auch im Bundesstaat Oklahoma lebt. Rechtlich anerkannt sind drei voneinander unabhängige Stämme: der Seminole Tribe of Florida, die Seminole Nation of Oklahoma und der Miccosukee Tribe of Indians of Florida.

Die Halbinsel war schon seit Jahrtausenden von Ureinwohnern besiedelt, als im 16. Jahrhundert die spanischen Entdecker und Eroberer eintrafen. Die Spanier brachten eine Waffe mit, die mehr Menschen tötete als jede Lanze, jede Kanone: Infektionskrankheiten, gegen die die einheimische Bevölkerung keine Abwehrkräfte besaß. Diese Krankheiten rafften die Menschen zu Tausenden dahin, und zu Beginn des 18. Jahrhunderts war das Gebiet weitgehend entvölkert.

Etwa zu dieser Zeit begannen Gruppen von Ureinwohnern diverser Herkunft, hauptsächlich jedoch Creek-Indianer, von Norden her in das Territorium einzuwandern, auf der Flucht vor der Verfolgung und Versklavung durch die britischen Kolonisten. Auch entlaufene Sklaven schlossen sich diesem Exodus an. Die Menschen ließen sich überwiegend im „Panhandle“ nieder, dem nördlichen Teil Floridas, und dort wuchsen die unterschiedlichen Gruppen allmählich zu einem Volk zusammen, das eine neue gemeinsame Kultur pflegte und eine eigene Identität entwickelte unter dem Namen „Seminole“.

Dieses Wort fand seinen Ursprung in der spanischen Bezeichnung „cimarrón“, was so viel wie „wilde Menschen“ oder „Ausreißer“ bedeutet, und wanderte von dort in eine der Creek-Sprachen weiter, wo es sich zu „simano-li“ wandelte. Ein kleiner Schritt noch, und es tauchte leicht verändert in einem neuen Kontext auf.

Die Seminolen lebten von der Jagd und sammelten Früchte und Nüsse, Pilze und Kräuter, doch sie nutzten das fruchtbare Land auch als Farmer und Viehzüchter. So legten sie Felder an, um Mais, Bohnen, Kürbis und Zuckerrohr anzubauen, und züchteten Pferde und Rinder, jene Haustiere, die die Spanier einst ins Land gebracht hatten.

Das Leben der Seminolen hätte beschaulich und friedlich sein können, wenn da nicht der land- und machthungrige Nachbar im Norden gewesen wäre ...

Vertreibung und Verrat

Osceola zog einen blitzenden Dolch aus dem Gürtel und stach ihn mit einer schnellen Handbewegung in das Dokument vor ihm auf dem Tisch, so heftig, dass die Klinge im Holz stecken blieb. „Wir werden diesen Vertrag nicht unterschreiben!", erklärte er mit laut tönender Stimme.

Der junge Mann war eine beeindruckende Erscheinung. Um seine Rolle als Anführer zu unterstreichen, kleidete er sich stets auffällig und extravagant. Auf dem schwarzen Haar saß eine Art Turban aus rotem Tuch, in dem zwei lange Federn steckten. Um die Hüfte hatte er eine reich bestickte Schärpe geschlungen, und dazu trug er drei Halsketten verschiedener Länge, an deren Enden silberne Halbmonde hingen.

Osceola war ein einflussreicher spiritueller Führer und gesuchter Berater der Stammeshäuptlinge. Er wurde 1804 als Billy Powell in einem Dorf der Creek in Alabama geboren, doch da sein Urgroßvater aus Schottland stammte, floss in seinen Adern auch europäisches Blut. Als Osceola noch ein Kind war, zog die Familie nach Florida, um sich dem Volk der Seminolen anzuschließen.

Diese allerdings gerieten bald in Bedrängnis. Die amerikanische Regierung wollte es nicht dulden, dass die Seminolen in ihren Dörfern entlaufenen Sklaven Zuflucht gewährten, besaß damit einen guten Vorwand, einzugreifen, und so kam es zum ersten der drei Seminolenkriege. 1816 marschierte US-General

Andrew Jackson mit seinen Truppen in Florida ein, vertrieb die indianischen Bewohner und ließ ihre Hütten anzünden. Und weil er gerade in der Gegend war, besetzte er noch die Küstenstädte Pensacola und St. Marks, um auch die Spanier, die Kolonialherren von Florida, einzuschüchtern. Der Plan ging auf, mit der Folge, dass Florida wenige Jahre später den Besitzer wechselte und damit für weiße Siedler aus dem Norden frei wurde.

Und was passierte mit den Seminolen? Im Jahr 1823 zwang die US-Regierung die Indianer mit dem Vertrag von Moultrie Creek, ihre Dörfer und Felder im Panhandle aufzugeben und sich ins mittlere Florida zurückzuziehen. Um sicherzustellen, dass sie dort auch blieben, errichtete das US-Militär eine Reihe von Forts und Handelsstationen.

Wieder währte der Frieden nicht lange. Andrew Jackson, der 1828 zum US-Präsidenten gewählt worden war, unterzeichnete im April 1830 den „Indian Removal Act", ein Gesetz, das für die amerikanischen Ureinwohner weitreichende Folgen haben sollte. Es sah vor, die indianische Bevölkerung aus allen Bundesstaaten östlich des Mississippi zu vertreiben. Stattdessen wies man ihnen Reservate in den Territorien westlich des Flusses zu. Der Mississippi stellte damals die Frontier dar, die Grenze zur Wildnis. Das Umsiedlungsgesetz erhielt im Kongress nur eine hauchdünne Mehrheit, doch das änderte nichts daran, dass es nun rechtskräftig wurde.

Mit den neugeschaffenen Paragrafen war der Vertrag von Moultrie Creek nichtig geworden, und die US-Regierung schickte 1832 einen Mittelsmann nach Florida, um mit den Vertretern der Stämme neue Bedingungen auszuhandeln. Bei dem Treffen, das bei Payne's Landing am Oklawaha River stattfand, erfuhren die Seminolen, dass sie ihr Reservat in Florida an den Staat abtreten und im Gegenzug ein neues, jedoch kleineres Territorium im heutigen Oklahoma erhalten sollten.

Nach mehreren Monaten endeten die Verhandlungen damit, dass sieben der Chiefs den neuen Vertrag, genannt „Treaty of Payne's Landing“, unterschrieben – ein Dokument, das sie nicht lesen konnten und dessen Inhalt ihnen nur mündlich erläutert worden war. Kurz darauf jedoch widerriefen sie ihre Unterschrift. Man habe sie zur Zustimmung gezwungen, und im Übrigen besäßen sie gar nicht die Macht, für alle Stämme und Gruppen, die im Reservat lebten, zu entscheiden.

Es war genau dieser Vertrag, den Osceola mit seinem Dolch durchbohrte. Der Junge hatte sich in der Zwischenzeit zu einem mutigen jungen Krieger entwickelt und genoss bei den Seminolen großen Respekt.

„Dieser Vertrag ist reine Erpressung“, sagte er nun verächtlich. „Denn wenn wir nicht freiwillig gehen, werden sie uns mit Waffengewalt vertreiben. Sie versprechen uns Geld, Lebensmittel, Werkzeuge und dergleichen, aber all das kann uns Heimat und Freiheit nicht ersetzen.“

Auf Osceolas Rat hin beschlossen fünf der bedeutendsten Chiefs, in Florida zu bleiben und ihr Reservat zu verteidigen. Mit dem Anrücken der US-Truppen 1835 begann der zweite Seminolenkrieg, der längste, verlustreichste und kostspieligste Feldzug der USA gegen die Urbevölkerung. Unter der Führung von Osceola griffen die indianischen Krieger ihre Feinde immer wieder aus dem Hinterhalt an, um danach blitzschnell in den Wäldern und Sümpfen zu verschwinden. Als aber die Amerikaner anfingen, die Dörfer, Felder und Vorratshäuser der Indianer zu zerstören, zwang der Hunger viele Seminolen, sich zu ergeben und mit ihren Familien nach Westen zu ziehen. Nach sieben langen Jahren endete der Krieg.

In der darauffolgenden Zeit drangen mehr und mehr weiße Siedler in den Süden Floridas vor, wo immer noch einige hundert Seminolen lebten, und so flammten die Auseinandersetzungen 1855 erneut auf. Nach drei Jahren des Kampfes willigten die meisten Indianer, kriegsmüde und vom Hunger bedroht, schließlich ein, in das Territorium in Oklahoma zu ziehen. Doch rund 200 Seminolen weigerten sich immer noch, das Land zu verlassen. Sie zogen sich tief in die Everglades und den Big Cypress Swamp zurück, in ein Gebiet, wo kein weißer Siedler in der Lage wäre, lange zu überleben.

Was aber ist aus Osceola geworden? Im Oktober 1837 hatte man ihn und 80 seiner Gefolgsleute nach Fort Peyton bei St. Augustine gelockt, vorgeblich zu Friedensgesprächen. Obwohl die weiße Flagge des Waffenstillstands wehte, wurden die Besucher umgehend gefangen genommen. Die Öffentlichkeit reagierte geschockt über den Verrat der Flagge – eine der schändlichsten Taten in der amerikanischen Militärgeschichte, wie man später urteilte. Osceola, der an chronischer Malaria und schließlich auch noch an einer akuten Mandelentzündung litt, starb drei Monate nach seiner Gefangennahme.

Mitspieler im Big Business

Im Dezember 2006 sorgte eine Unternehmensnachricht für Schlagzeilen. Die Restaurantkette Hard Rock Cafe, mit Filialen in rund 70 Ländern, war verkauft worden. Der neue Besitzer: der Seminole Tribe of Florida. Da mag sich so mancher alte weiße Mann verwundert gefragt haben: Was verstehen denn die Indianer vom Big Business? Offenbar sehr viel, denn im April 2021 wurde Seminole Hard Rock in einem USA-weiten Vergleich als Firma mit der besten Unternehmensführung ausgezeichnet.

Auch die Glücksspielaktivitäten des Stammes genießen einen guten Ruf, wie weitere Rankings beweisen. 1979 waren die Seminolen die ersten, die das Sonderrecht für indianische Reservate nutzten und auf ihrem Grund und Boden ein Spielcasino eröffneten. Seitdem hat sich das Geschäft mit dem Glück zu einem milliardenschweren Gewerbe entwickelt, das von zahlreichen Indianerstämmen im ganzen Land betrieben wird. Die Einnahmen der Seminolen fließen zum einen in Bildung und soziale Dienste für die Stammesmitglieder, zum anderen in weitere Geschäftsprojekte.

Osceola ist der Held der Seminolen, das Gesicht ihres Widerstands. Doch auch eine Heldin trägt zu ihrem Ansehen bei: Betty Mae Tiger Jumper, geboren 1923. Sie war die erste ihres Stammes, die einen Highschool-Abschluss erlangte. Ihr ganzes Leben lang setzte sie sich für ihr Volk und die Belange der Indianer ein, und 1967 wurde sie als erste Frau in die Chief-Position des Seminole Tribe of Florida gewählt.

„Ich hatte drei Ziele im Leben", sagte Betty Mae, als sie bereits eine alte Dame war. „Die Schule abschließen, eine Ausbildung zur Krankenschwester absolvieren, um danach für mein Volk zu arbeiten, und außerdem wollte ich drei Bücher schreiben." Sie hat all diese Ziele erreicht – und noch viele weitere.

Die Florida-Seminolen betonen mit Stolz, dass ihre Vorfahren nie einen Vertrag unterzeichneten und nie besiegt wurden. Was aber halten sie davon, dass ihr Held einem Football-Team als Maskottchen dient? Während viele Ureinwohner außerhalb Floridas den Auftritt im Stadion als Ausdruck des Rassismus kritisieren, hat der Seminole Tribe of Florida der Universität wohlwollend seine Zustimmung erteilt.

„Zwar ist es ein Maskottchen für eine Sportmannschaft", sagte James E. Billie, der damalige Vorsitzende des Stammes, vor einigen Jahren, „aber es repräsentiert auch den Mut des Volkes, das einst hier lebte und immer noch da ist, das Volk, das man als die unbesiegten Seminolen kennt."

Bacon-Hominy Sofkee – Maissuppe mit Speck

Zutaten für 4 Personen:

8 Streifen Frühstücksspeck
2 Dosen Hominy
3 Frühlingszwiebeln
Salz und Pfeffer

Zubereitung:

Frühlingswiebeln in kleine Ringe schneiden. Hominy abtropfen lassen. Den Speck in kleine Stücke schneiden und in einer Pfanne braten, bis er knusprig ist. Hominy zu dem Speck geben und unter Rühren 5–7 Minuten kochen, dabei häufig umrühren. Frühlingszwiebeln hinzufügen sowie Salz und Pfeffer nach Geschmack. Bei mittlerer Hitze und unter Rühren 5 Minuten weiterkochen, dann servieren.

Hominy ist ein Maisprodukt aus der Tradition der Ureinwohner Mittelamerikas und des amerikanischen Südostens. Zur Herstellung wurden die reifen Maiskörner getrocknet und anschließend in einer Lauge aus Wasser sowie gelöschtem Kalk oder Holzasche eingeweicht und gekocht. Dieses Verfahren, das man als Nixtamalisierung bezeichnet, diente dazu, den Nährwert und Geschmack des Getreides zu verbessern. Heute kann man Hominy fertig kaufen, entweder getrocknet oder in Dosen.

Hominy dient als Grundlage für Sofkee, eine dicke Maissuppe, die in den Haushalten der Ureinwohner früher den ganzen Tag auf dem Feuer stand. Jeder durfte sich mit einem speziellen Holzlöffel, der einer Schöpfkelle glich, von der Suppe nehmen und sich sattessen. Sofkee lässt sich, so wie in diesem Rezept, auf viele verschiedene Arten variieren.

Schöner wohnen mit Visionen – Disney World in Orlando

Es ist ein sonniger Tag im November 1963. Über dem endlosen Sumpfland des mittleren Floridas kreist eine kleine Propellermaschine, und darin sitzt ein kreatives Genie: Walt Disney, Trickfilmzeichner und Filmproduzent, der Erfinder von Micky Maus und Gründer der Walt Disney Company, eines der erfolgreichsten Medienunternehmen der Welt.

Disney presst seine Nase gegen die Fensterscheibe des Flugzeugs und starrt auf die vorbeiziehende Wasserlandschaft tief unten. „Sehr gut", murmelt er, „passt perfekt."

Seine engsten Berater begleiten ihn auf diesem Flug. „Ich sehe nichts als Sumpf und Morast", bemerkt einer von ihnen verständnislos.

Dass es sich um Sümpfe handelt, kümmert Disney wenig, da lässt er im Geiste schon Entwässerungsgräben ziehen und Kanäle anlegen. Was ihn dagegen in Hochstimmung versetzt, sind die grauen Bänder aus Asphalt – die idealen Voraussetzungen für seinen kühnen Plan! Die Interstate 4 ist gerade im Bau, sie verbindet die I 75 an der Golfküste mit der I 95, die entlang der Atlantikküste verläuft. Außerdem führt Florida's Turnpike, eine mautpflichtige Nord-Süd-Verbindung, quer über die Halbinsel.

Im Jahr 1955 hat der Unternehmer in Anaheim, Kalifornien, Disneyland eröffnet, einen Vergnügungspark, der große und kleine Fans von Disneyfilmen und -figuren verzaubert, begleitet von dem eingängigen Song „It's a small world". Die Melodie habe ich selbst heute, nach vielen Jahren, noch im Kopf. Der liebenswert gestaltete Park mit seinem Dornröschenschloss zieht Menschen aus dem gesamten Westen an, jedoch nur wenige von der fernen Ostküste.

Disney plant nun ein Projekt, das sich an die Zielgruppe im Osten richtet. Aber er will in Florida nicht etwa eine Kopie von Disneyland bauen, nein, das wäre ihm viel zu langweilig. Vielmehr hat er die Welt von morgen im Visier: EPCOT – Experimental Prototype Community of Tomorrow. Eine Modellstadt für 20.000 Bewohner, die nie fertig sein wird, sondern fortwährend die neuesten Ideen und Technologien ausprobiert. Wie ein überdimensionales Schaufenster soll EPCOT der Nation und der ganzen Welt zeigen, was die amerikanischen Unternehmen mit ihrem Einfallsreichtum und ihrer Vorstellungskraft auf die Beine stellen können.

Bei seinem Erkundungsflug an diesem Tag hat Disney nun den passenden Standort gefunden: ein riesiges Sahnestück von weitgehend unbebautem Land südlich von Orlando, fast menschenleer, aber mit guten Straßenverbindungen.

Vorerst darf niemand erfahren, dass er in großem Stil Land kaufen will – die Grundstückspreise würden sofort in die Höhe schießen. Ein Mittelsmann in Miami soll die Transaktion für ihn durchführen, Paul Helliwell, ein gewiefter Anwalt, der viel Erfahrung mit heiklen Geschäften hat und schweigen kann wie ein Grab. Helliwell erfindet ein paar Firmen, gibt sich als deren Vertreter aus und erwirbt für seinen Auftraggeber knapp 110 Quadratkilometer Sumpfland zum Schnäppchenpreis. Eine Fläche, auf der die Großstadt Miami locker Platz finden würde.

Das Projekt bleibt zwei Jahre lang geheim. Doch bei einer Pressekonferenz im Oktober 1965 fragt eine Journalistin, die gründlich recherchiert hat, den großen Meister rundheraus: „Mr. Disney, haben Sie all das Land bei Orlando gekauft?" Einen Tag später erfahren die Leserinnen und Leser des *Orlando Sentinel* die sensationelle Neuigkeit. Nicht dass es viele Einzelheiten zu lesen gäbe, denn die Stadt der Zukunft existiert zu diesem Zeitpunkt nur in Form von Ideen in Disneys Kopf. „Die größte Attraktion, die man in der Geschichte Floridas je erlebt hat", verkündet der Unternehmer vollmundig bei einer weiteren Pressekonferenz. Damit muss sich die Öffentlichkeit vorerst begnügen

Disney weiß nicht, dass ihm die Zeit davonläuft. Seit Jahrzehnten raucht er filterlose Zigaretten, und niemand, der ihn kennt, hat ihn jemals ohne qualmenden Glimmstängel angetroffen. Das bleibt nicht ohne Folgen. Anfang November 1966 diagnostizieren die Ärzte bei ihm Lungenkrebs, und sechs Wochen später stirbt Walt Disney im Alter von 65 Jahren. Ein detaillierter Projektplan jedoch existiert immer noch nicht.

Eine zauberhafte kleine Welt

Der Tod des brillanten Denkers bedeutet eine Katastrophe für die Walt Disney Company. Wie sollen sich die kostspieligen Investitionen in Florida amortisieren, wenn niemand genau weiß, was dort gebaut werden soll? Um die drohende Pleite abzuwenden, nimmt Roy Oliver Disney, Walts älterer Bruder und Mitbegründer der Firma, das Ruder in die Hand. Seinen Plan, sich in den Ruhestand zurückzuziehen, muss der 73-Jährige erst einmal verschieben.

Anders als Walt, der kreative Visionär, ist Roy ein kühl rechnender Geschäftsmann. Er kann sich einfach nicht vorstellen, dass ein Projekt wie EPCOT das nötige Geld in die Kasse spült. Außerdem, da ist er realistisch, würde er sich mit der Stadt der Zukunft nichts als Ärger einhandeln, denn die dazugehörigen Bürger der Zukunft wären wohl kaum bereit, sich brav wie Schäfchen dem Diktat der Walt Disney Company unterzuordnen.

Roy wählt die sichere Option und gibt dem Vorhaben eine neue Richtung, angelehnt an das bewährte Muster in Kalifornien. In Florida wird in den folgenden Jahren ein Komplex von Themenparks hochgezogen, genannt Walt Disney World Resort, zu Ehren des Firmengründers. Dazu gehören zahlreiche Hotels, mehrere Golfplätze, ein Einkaufszentrum und eine Reihe weiterer Freizeiteinrichtungen.

Die Bauarbeiten an Disney World beginnen 1967, und am 1. Oktober 1971 wird der erste Vergnügungspark eröffnet, „Magic Kingdom", der seinen Besuchern sieben verschiedene Themenbereiche anbietet. Ebenso wie an der Westküste ist das Wahrzeichen des Parks ein Märchenschloss, in diesem Fall Cinderella Castle.

Märchenhaft ist auch die Bootsfahrt unter dem Motto „It's a small world", die die Besucher über die sieben Meere durch alle Kontinente führt, vorbei an bunten Kulissen mit tanzenden und singenden Kinderfiguren aus den Ländern der Welt. Unterwegs kann man das Lied in verschiedenen Sprachen hören. Während ich diese Zeilen schreibe, hüpft mir wieder dieser Ohrwurm in den Kopf, und ich pfeife leise „It's a small world" vor mich hin.

Ursprünglich hatte die Walt Disney Company die Attraktion für den UNICEF-Pavillon auf der Weltausstellung in New York konzipiert, die von 1964 bis 1965 stattfand. Dazu wurde eigens ein passender Song komponiert, eine Friedenshymne, die in einfachen, kindgerechten Worten das beschreibt, was Menschen in aller Welt gemeinsam haben. Die Weltreise im Miniaturformat war so erfolgreich, dass Walt Disney beschloss, die Attraktion nach dem Ende der Weltausstellung nach Disneyland zu holen. Die zauberhafte kleine Welt ist Teil eines jeden Disneyparks, der seither eröffnet wurde, in Florida und ebenso in Paris, Tokio und Hongkong.

Für Roy Disney müssen die Jahre bis zur Fertigstellung des Magic Kingdom ein ungeheurer Kraftakt gewesen sein. Nach der Eröffnung zieht er sich ins Privatleben zurück, doch lange kann er seinen Ruhestand nicht genießen. Schon zwei Monate später stirbt er an einem Schlaganfall.

Die Disney Company aber hat er auf Erfolgskurs gebracht. Im Laufe der folgenden zwei Jahrzehnte werden auf dem weitläufigen Areal des Walt Disney World Resorts drei weitere Themenparks eröffnet. In „Disney‘s Hollywood Studios“ geht es um Motive und Abenteuer aus dem reichhaltigen Fundus der eigenen Filmproduktion, ein Konzept, das man bei den Universal Studios in Hollywood abgekupfert hat. Der neueste, teuerste und größte Themenpark ist jedoch „Disney‘s Animal Kingdom“, eine Mischung von Vergnügungs- und Safaripark, wo nicht alles so echt ist, wie es auf den ersten Blick erscheint. Wenn die Natur nicht mitmacht, muss man eben nachhelfen.

Ein Park fehlt noch in dieser Aufzählung: EPCOT. Moment mal, das Ding aus der Mottenkiste der sechziger Jahre? Die Modellstadt mit den störenden Bewohnern? Tatsächlich holen Roy Disneys Nachfolger noch einmal das alte Projekt aus der Schublade. Sie befreien Walts Idee aber von ihren Risiken und gießen den Rest in die Form eines klassischen Themenparks.

EPCOT wird 1982 eröffnet und bietet mit „Future World“ und „World Showcase“ zwei Schwerpunkte. Wie auf einer Weltausstellung können die Besucher zum einen die Technologien der Zukunft bestaunen, zum anderen die Kulturen der Welt erleben, repräsentiert von elf verschiedenen Ländern, deren Pavillons um eine Lagune herum angeordnet sind. Wer will, kann sich von den üblichen rasanten Fahrgeschäften durchschütteln lassen. Im Jahr 1996 wird aus der bisherigen Abkürzung der Eigenname Epcot. Auf diese Weise will man sich von der Ursprungsidee distanzieren.

Musterstadt mit Schönheitsfehlern

Die Sache mit der Modellstadt jedoch lässt die kreativen Köpfe bei Disney nicht los, zumal von der riesigen Landfläche, die Walt Disney einst gekauft hat, noch 20 Quadratkilometer brachliegen. Die Disney Company greift nun die Ideen des „New Urbanism" (neuer Urbanismus) auf, einer Bewegung im Städtebau, die in den achtziger Jahren in den USA entstanden ist. Deren Verfechter wenden sich gegen die weiträumige Ausbreitung öder Schlafstädte, die zu viel Landschaft verbrauchen, einseitig auf das Auto setzen, wenig Aufenthaltsqualität bieten und kaum Gemeinschaftssinn aufkommen lassen.

Eines der wichtigsten Prinzipien des New Urbanism ist Diversität: eine bunte Mischung von Wohnhäusern unterschiedlicher Größe und Baustile, mit gewerblich genutzten Gebäuden gleich nebenan. Ebenso bunt zusammengewürfelt sollen die Menschen sein, die hier leben. Autos sind nicht verboten, aber man braucht sie nicht unbedingt. Die Leute haben kurze Wege, die sich zu Fuß oder mit dem Fahrrad zurücklegen lassen, und können außerdem Busse und Bahnen nutzen. Man trifft sich zwanglos auf öffentlichen Plätzen oder im Park und pflegt in seinem Wohnviertel gute nachbarliche Beziehungen. So wie in den noch nicht autogerechten Innenstädten aus der Zeit vor dem Zweiten Weltkrieg. Oder wie in der polierten Idylle von „Main Street USA", einem Themenbereich in den Disney-Parks, der das amerikanische Kleinstadtleben der

Vergangenheit wiederauferstehen lässt und bei den Besuchern nostalgische Gefühle weckt.

Eine solche Stadt will Disney nun entwickeln, ein Vorzeigeprojekt, das der Marke und ihrer Tradition würdig ist. Um ihr Utopia zu verwirklichen, arbeitet die Disney Company mit führenden Stadtplanern und Architekten zusammen und lässt sich von hochkarätigen Experten aus den Bereichen Bildung, Gesundheit und Technologie beraten. Nur die besten Leute sind gut genug! „Celebration" („Feier"), so soll die Stadt heißen – jeder Tag eine Feier des Kleinstadtlebens und seiner ureigenen Werte von Gemeinschaftssinn und Hilfsbereitschaft.

Celebration entsteht im Nordosten des Osceola County, nur zehn Meilen südlich des Magic-Kingdom-Parks. Für viele Leute ist es ein Traum, in unmittelbarer Nähe der wunderbaren Welt von Disney zu wohnen. Entsprechend groß ist der Andrang, und die Interessenten werden über eine Lotterie ausgelost. Als es dann um harte Dollars geht, bleibt die Diversität der Bewohner auf der Strecke: Es sind zu über 90 Prozent Weiße, die sich in Celebration niederlassen. Weniger wohlhabende Schichten können sich die Häuser und Wohnungen, deren Preise deutlich über dem Durchschnitt im County liegen, nicht leisten. Im Jahr 1996 ziehen die ersten Leute ein, und am Ende werden rund 10.000 Menschen hier wohnen.

Die Stadt sorgt von Anfang an für Schlagzeilen, und die fallen nicht positiv aus. Da ist einmal das seltsame Regelwerk, so dick wie ein Buch, an das sich alle Bürger halten müssen. Nicht nur, dass sie ihre Häuser, immerhin ihr Eigentum, nicht verändern dürfen, nein, die Kontrollfreaks von Disney schreiben ihnen die Farben ihrer Vorhänge vor, die Art der Pflanzen, die in den Gärten wachsen dürfen, und sogar noch den Durchmesser, den die gemulchte Fläche um die Bäume herum aufweisen sollte.

Dass das Wohnen in Celebration stark reglementiert ist, weiß man aber, bevor man den Kaufvertrag unterschreibt. Und auch, dass das Mitbestimmungsrecht in der Stadt von der Zahl der Quadratmeter abhängig ist, die man sein Eigen nennt. Schlauer Trick des Bauherrn: Die öffentlichen Flächen und viele der gewerblich genutzten Gebäude gehören der Disney Company, also hat die Firma den größten Einfluss. An diesem Missverhältnis ändert sich auch nichts, als Disney seine Anteile 2004 an eine Private-Equity-Gesellschaft veräußert, mit zahlreichen Auflagen.

Was die Bewohner erst nach einigen Jahren bemerken, ist der Pfusch am Bau. Die beauftragten Subunternehmer haben die Häuser hastig und mit so manchem übertünchten Provisorium hochgezogen. In Celebration werden Wasserschäden, Schimmel und Fäulnis zum vorherrschenden Gesprächsthema, und die Eigentümer ziehen vor Gericht.

Noch größere Risse bekommt die perfekte Fassade, als in der Stadt ein Mord geschieht und kurze Zeit später der erste Selbstmord verübt wird. Diese Vorkommnisse pusten den Feenstaub, den Disney über seiner Musterstadt ausgestreut hat, endgültig hinweg, und die Leute stellen ernüchtert fest, dass es hier die gleichen Probleme gibt wie an jedem anderen Ort.

Celebration ist eine hübsche Kleinstadt, in der die Menschen gerne leben. Dass sie sich so viel Kritik eingehandelt hat, liegt zum einen an der Disney Company und ihrem unter viel PR-Aufwand hinausposaunten Anspruch, dem sie selbst nicht gerecht werden konnte. Zum anderen an den Bewohnern, die anfangs geglaubt haben, in die perfekte Traumwelt einzuziehen, die sie in den Disney-Parks vorgegaukelt bekommen.

Im Heimatland von Micky Maus sind Disneys Themenparks ein wichtiger Bestandteil der Kultur. Jedes Kind träumt davon, wenigstens einmal im Leben, am liebsten aber jeden Tag, in diese Welt voller Zauber eintauchen zu dürfen.

Ein gigantisches Geschäft, mögen Sie vielleicht denken, nix als Klischee, Kitsch und Kommerz. Ach kommen Sie, besorgen Sie sich ein Ticket für das Magic Kingdom und nehmen Sie an dieser wunderbaren Bootsfahrt durch alle Kontinente teil. Ja, die Welt hat eine Menge Probleme, aber gleichzeitig ist sie traumhaft schön. Und wir Menschen in Nord und Süd, Ost und West haben mehr gemeinsam, als uns bewusst ist. „It's a small world after all …" Wetten, dass Sie es irgendwann auch mitsingen?

Peppermint Marshmallow Wands – Pfefferminz-Marshmallow-Zauberstäbe

Zutaten für 5 Zauberstäbe:

5 lange Lollipop-Stäbe
15 große weiße Marshmallows
150 g weiche Karamellbonbons
2 El süße Sahne
300 g dunkle Schokolade
220 g gestreifte Pfefferminzbonbons oder Pfefferminzstangen

Zubereitung:

Die Stäbchen an der Spitze kurz in Wasser tunken und jeweils 3 Marshmallows aufspießen. Die Karamellbonbons in einen kleinen Topf geben und mit der Sahne zusammen im Wasserbad schmelzen, dabei immer wieder umrühren. Die Karamellmasse von allen Seiten über die Marshmallows löffeln. Überschüssige Flüssigkeit abtropfen lassen und die Stäbe auf eine mit Backpapier ausgelegte Platte legen. Für 10 Minuten in den Kühlschrank stellen.

Die Schokolade in kleine Stücke brechen, in einen kleinen Topf geben und im Wasserbad schmelzen lassen. Die Pfefferminzbonbons in einen Gefrierbeutel geben, mit einem Nudelholz zerkleinern und auf eine Platte streuen. Zauberstäbe in die Schokoladenmasse tunken, kurz abtropfen lassen und sofort in den Pfefferminzbonbons wälzen. Auf Backpapier im Kühlschrank erkalten lassen, etwa 8-10 Minuten.

Dieses Rezept haben Disneys Bonbonkocher für ihre Fans veröffentlicht, als die Vergnügungsparks während der Corona-Pandemie geschlossen bleiben mussten.

Südstaaten-Lady mit Charme – Floridas Hauptstadt Tallahassee

„Gloria in excelsis deo“, tönt es über die Lichtung im Dickicht des Urwalds, „et in terra pax hominibus bonae voluntatis ...“

Auf dem grob gezimmerten Altar streckt sich ein schlankes Kreuz in die Höhe. Kerzen flackern in silbernen Leuchtern. Ihr Wachs tropft auf die bestickte Altardecke. Ein Priester in weißem Gewand schwenkt ein kleines Weihrauchfass.

Zu jeder anderen Zeit geht es zwischen den Hütten und Zelten lebhaft zu. Lautes Stimmengewirr, Gelächter und handfeste Streitereien sind an der Tagesordnung. Aber heute ist Weihnachten. Die Menschen sind verstummt und blicken entrückt in den Kerzenschein. Manche haben Tränen in den Augen. Vermissen sie ihre Familien in Europa? Fragen sie sich, und das sicher nicht zum ersten Mal, warum sie sich dieser Expedition in die raue Wildnis eines so fremden Kontinents angeschlossen haben?

Die Weihnachtsmesse nimmt ihren Lauf. „Domine deus, agnus dei, filius patris ...“

Anführer der Expedition ist der Spanier Hernando de Soto. In scheinbar frommer Versunkenheit wohnt er der heiligen Messe bei, doch seine Gedanken folgen weltlichen Themen. Als junger Mann hatte de Soto den spanischen Eroberer Francisco Pizarro begleitet, als dieser das Inka-Reich in Peru für die spanische Krone einnahm. Von dem Gold, das Pizarro und seine Leute erbeuteten, erhielt auch de Soto seinen Anteil. Zwar kehrte er als reicher Mann in sein Heimatland zurück, doch der Lockruf des kostbaren Metalls ließ ihm keine Ruhe. In den Kreisen der Abenteurer und Seefahrer erzählte man sich von der Halbinsel Florida und den sagenhaften Schätzen, die die Einheimischen dort horteten. Gold und Silber schienen in allen Ecken zu blinken.

Der spanische König Karl V. schickte den altgedienten Konquistadoren nur zu gerne über den Ozean, mit dem Auftrag, das unbekannte Land zu erkunden, zu erobern und dort Kolonien zu errichten. Ein bequemer Deal, so dachte er bei sich, da er keinen Peso aus der königlichen Schatulle beisteuern musste. Denn für neuen Ruhm und noch mehr Reichtum war de Soto bereit, all seinen Besitz zu Geld zu machen und eine große Expedition auszurüsten.

Im Mai 1539 landet der Eroberer mit neun Schiffen in der Bucht, die später Tampa Bay genannt werden sollte. Mit ihm gehen etwa 620 Menschen von Bord, Soldaten, Priester, Kaufleute, Handwerker und Bauern, darunter auch Frauen. Pferde, Kühe und Schweine werden über die Gangway getrieben, alles ist bereit für die Gründung neuer Kolonien. Die Menschen sind von der Hoffnung auf ein besseres Leben beseelt – tatsächlich aber warten auf sie Mühsal und Tod.

Auf ihrem Weg Richtung Norden hinterlassen de Soto und seine Soldaten eine Spur von brutaler Gewalt und Zerstörung. Sie nehmen Männer und Frauen als Sklaven, um sie in ihren Dienst als Führer und Träger zu zwingen, plündern die Vorräte der Indianer und zerstören ihre Siedlungen. Wer sich widersetzt, wird kaltblütig getötet. In erbitterter Gegenwehr greifen indianische Krieger immer wieder aus dem Hinterhalt an.

Im Spätherbst erreichen die Spanier das Territorium der Apalachee. Sie besetzen den Hauptort Anhaica, und de Soto beschließt, hier ein Winterlager zu errichten. Gold hat er bisher nicht gefunden. Und während der Priester vorne am Altar vom Frieden auf Erden spricht, sinnt der Eroberer über neue perfide Strategien nach, das Land und dessen Bewohner unter seine Kontrolle zu bringen.

Es wird ihm nicht gelingen, denn der Widerstand der einheimischen Bevölkerung erweist sich als unerwartet heftig. Drei Jahre lang irrt die Expedition ziellos durch den Südosten, während sich die Zahl ihrer Teilnehmer immer weiter dezimiert, durch tödliche Indianerangriffe und Krankheiten, durch Hunger und Erschöpfung. Die Expedition gerät zu einem Riesenflopp. Eine neue Kolonie zum Ruhme des Konquistadoren und seines Regenten – nichts als ein Luftschloss in den Wolken. Als Hernando de Soto im Frühjahr 1842 fieberkrank am Ufer des Mississippi stirbt, besteht sein Reichtum aus vier indianischen Sklaven, drei Pferden und 700 Schweinen.

Über die planlose Route der Spanier existieren nur dürftige Nachweise, doch eines gilt für die Historiker als weitgehend gesichert: De Soto schlug sein Winterlager im Gebiet der heutigen Hauptstadt Tallahassee auf. Auf einem Gelände etwa eine Meile östlich des Regierungsviertels beförderten die Archäologen Münzen, Kettenpanzer, Spitzen von Armbrustpfeilen sowie Schweineknochen zutage, Gegenstände, die sie eindeutig der Expedition zuordnen konnten. Worauf man aber in Tallahassee besonders stolz ist: Genau hier, in dieser Stadt, fand die erste Weihnachtsfeier auf dem nordamerikanischen Kontinent statt!

Doch woher will man das so genau wissen? Nun, die Spanier waren zutiefst gläubige Katholiken, und der Gruppe gehörten mehrere Priester an. Da ist es mehr als wahrscheinlich, dass die Menschen zusammen Weihnachten gefeiert haben, mit den vertrauten Ritualen, die ihnen Trost und Hoffnung vermittelten. In der Hauptstadt jedenfalls sind die Leute beglückt, dass de Soto ihnen dieses Alleinstellungsmerkmal beschert hat, auch wenn er ein erfolgloser, brutaler Eroberer war.

Mit Kanonendonner in die Zukunft

Im Frühjahr 1540 zogen de Soto und seine Leute weiter. Zahlreiche Ureinwohner waren der Waffengewalt und den eingeschleppten Krankheiten der Europäer zum Opfer gefallen, doch die verbleibenden Indianer siedelten sich wieder in Anhaica an. Die Hauptstadt der Apalachee überdauerte die Jahrhunderte, bis sie 1818 von US-amerikanischen Truppen niedergebrannt wurde. Drei Jahre später pflanzte der neue Machthaber sein Sternenbanner ganz offiziell in den Boden Floridas, und die Region wurde ein US-Territorium. Als Hauptstadt wählte man Tallahassee aus. Der Name kommt aus der Sprache der Ureinwohner und bedeutet so viel wie „alte Stadt" oder „alte Felder".

Am 3. März 1845 donnerten in Tallahassee Kanonenschüsse zum Salut. Auf den Straßen drängten sich die Zuschauer und jubelten, ergriffen von Vaterlandsliebe. Eine Musikkapelle ließ mit Trommelwirbeln und Fanfaren „Hail Columbia" erklingen, die inoffizielle Nationalhymne der USA, in der viel von Helden und Freiheit die Rede ist. Columbia, so nennen die Amerikaner ihr Land, wenn ein feierlicher Anlass poetische Worte erfordert. So wie an diesem Märztag, als Florida als 27. Mitglied dem Bund der Vereinigten Staaten beitrat.

Aber wie passte dazu die neue Flagge des frischgebackenen Bundesstaats? Bei der Amtseinführung des ersten Gouverneurs, William D. Mosely, hisste man in Tallahassee eine Fahne von fragwürdiger Gestaltung. Der Slogan, der deutlich lesbar auf dem rechteckigen Stück Stoff prangte, klang alles andere als erfreut: LET US ALONE – Lasst uns in Ruhe.

In den älteren Bundesstaaten empfand man das Motto als reichlich unpassend, ja, geradezu beleidigend. Doch offenbar fühlten sich die Leute in einem Zwiespalt: Einerseits wollten sie gerne Amerikaner werden, andererseits befürchteten sie, der Staat würde sich von nun an viel zu sehr in ihr Leben einmischen.

Die Flagge mit den abwehrenden Worten wehte nie offiziell von den Fahnenmasten Floridas, und in den darauffolgenden Jahrzehnten bastelte man weiter an einem passenden Banner. Die Fahne, die heute über dem State Capitol in Tallahassee flattert, zeigt ein diagonales rotes Kreuz auf weißem Grund, und in der Mitte prangt das Staatssiegel, neben der Flagge das wichtigste Symbol für den Bundesstaat.

Auch für das Siegel hat man in Florida mehrere Anläufe gebraucht. Auf der ersten Version erhoben sich noch Berge im Hintergrund, was von einem Mangel an landeskundlichem Wissen auf Seiten des Urhebers zeugte, denn Florida ist der flachste Bundesstaat der Vereinigten Staaten. Der höchste Punkt, wenn man einmal von den Wolkenkratzern in Miami absieht, ist mit bescheidenen 105 Metern der Britton Hill im Nordwesten.

Das Siegel in seiner seit 1985 gültigen Version zeigt eine Küstenlinie mit einer tiefstehenden Sonne, die hell in den Himmel strahlt. An der Küste tuckert ein Dampfschiff entlang und stößt dabei dicke Rauchwolken aus. Weiter vorne ragt eine schlanke Palmettopalme auf, eine großwüchsige Palmenart, und links im Bild sieht man eine Blumen streuende Indianerin vom Volk der Seminolen. Rund um das Siegel ziehen sich in roten Buchstaben auf gelbem Grund die Worte „Great Seal of the State of Florida“, außerdem „In God We Trust“, der Wahlspruch des Bundesstaats. Mit diesem Motto war man auf der sicheren Seite.

Im Herzen der Hauptstadt

Wir sind an diesem Morgen früh unterwegs. Nach der Wärme des Südens erscheinen uns die Temperaturen in der Hauptstadt ungewohnt kühl, deswegen kehren wir erst einmal bei Lucky Goat Coffee ein, dem Café mit der glücklichen Ziege, und trinken genüsslich heißen Cappuccino – der ausgezeichnet und deutlich charaktervoller schmeckt als bei der Konkurrenz mit dem grünweißen Logo. Auch in Florida folgen viele kleine Start-ups dem Trend, den Kunden hochwertigen Kaffee abseits des Massengeschmacks anzubieten, und so haben wir in den vergangenen Wochen schon öfter kleine, feine Coffee Shops besucht, die keiner der landesweiten Ketten angehören.

Es ist Samstag, und die Stadt wirkt noch ein wenig verschlafen. Doch vor dem State Capitol geraten wir unversehens in eine Gruppe von Menschen, die sich auf den Treppenstufen vor dem Gebäude eingefunden haben, um zu protestieren. Zwei Wochen zuvor hatte es an einer Highschool in Parkland, Florida, eine Schießerei gegeben, bei der 17 Schüler und Lehrer umkamen und viele weitere verletzt wurden. Daraufhin sprach sich US-Präsident Trump dafür aus, einen Teil der Lehrerschaft mit Waffen auszurüsten. Von dieser Idee aber halten die meisten Lehrerinnen und Lehrer wenig; sie sehen sich als Pädagogen und nicht als Mitglieder einer bewaffneten Truppe.

„Kommt, stellt euch zu uns“, ruft uns jemand zu, „dann sind wir mehr!“ Okay, machen wir doch gerne. Wir reihen uns ein und vergrößern damit die kleine Schar der Demonstranten. Eine Frau neben mir streckt mir die Hand hin und sagt:

„Hi, ich bin Heike aus Wuppertal.“ Perplex antworte ich: „Äh – Gunhild aus Frankfurt.“ Und damit ist die Unterhaltung auch schon beendet, denn nun geht es um Politik. Vorne läuft eine Kamera, und eine Dame mit Mikrofon erklärt, warum sie es für unsinnig hält, Lehrern Waffen in die Hand zu drücken. Die Protestaktion zieht sich hin, bei uns werden Zeit und Geduld knapp. Wir lösen uns unauffällig aus der Gruppe, und Heike wünscht mir noch eine gute Reise. Schade, dass ich keine Gelegenheit hatte, mehr über sie zu erfahren.

Inzwischen ist es zehn Uhr, und das Historic State Capitol öffnet seine Türen für die Besucher. In diesem altehrwürdigen Gebäude mit seinen Säulen und der obligatorischen Kuppel haben Abgeordnete und Regierung mehr als 130 Jahre lang die Geschicke des Bundesstaats gelenkt, bis es für die wachsende Zahl der hier arbeitenden Menschen zu klein wurde. Im Jahr 1978 zogen die Gesetzgeber und Amtsträger mitsamt ihren Schreibtischen und Kartons voller Akten in das neue State Capitol um, einen 21-stöckigen Büroturm, der sich in unmittelbarer Nachbarschaft erhebt.

Nach dem Umzug wurde das historische Gebäude sorgfältig restauriert und in ein Museum umgewandelt. Es weist einen Charme auf, der dem nüchternen Neubau völlig abgeht. Damit die Leute bei der anstrengenden Regierungsarbeit jederzeit einen kühlen Kopf behielten, hat man vor den Fenstern fröhlich rotweiß gestreifte Markisen angebracht, ein sommerliches Accessoire, das an Strandcafés und Eiswaffeln denken lässt.

In Florida gibt es ältere und größere Städte – warum wurde ausgerechnet Tallahassee als Hauptstadt ausgewählt? Das fragen wir eine Mitarbeiterin des Historic State Capitol, eine sehr gesprächige Mittfünfzigerin mit akkurat gescheitelten grauen Haaren und fröhlichen blauen Augen. Laut Namensschild heißt sie Sue.

„Ganz einfach, es schien die bequemste Lösung", sagt sie. „In den Jahrhunderten zuvor hatten sich die Hafenstädte St. Augustine im Nordosten und Pensacola im Nordwesten als Bevölkerungszentren entwickelt. Sie liegen beide im Panhandle, dem nördlichen Teil von Florida, und dort spielte sich das Leben der Siedler ab. Die großen Ballungsgebiete im Süden hatten zu jener Zeit noch nicht einmal angefangen zu existieren. Nun wäre es sehr unpraktisch gewesen, zwischen zwei Hauptstädten hin und her zu pendeln, zumal die Strecke quer durch den Urwald, durch sumpfiges Land und Wasserläufe ohne jede Brücke – von den Mücken wollen wir gar nicht reden – jedes Mal Wochen in Anspruch genommen hätte. Eine Landstraße, die diesen Namen verdiente, oder eine Eisenbahnlinie gab's noch nicht."

Sue holt tief Luft, dann fährt sie fort: „Also, warum Tallahassee? Unsere Gegend hier liegt ungefähr in der Mitte zwischen Pensacola und St. Augustine, eingebettet in eine liebliche Hügellandschaft und mit einem hübschen, wenn auch unbedeutenden Wasserfall gleich in der Nähe. Und das gab letztlich den Ausschlag."

Wir fragen Sue, wie sie die Hauptstadt in wenigen Worten beschreiben würde. Sie muss nicht lange überlegen: „Tallahassee, das ist die schmucke Südstaaten-Lady – im Gegensatz zur quirligen Boomtown Miami."

Panhandle Grits – Maiseintopf aus dem Panhandle

Zutaten für 4 Portionen:

225 g Räucherwurst
225 g gekochter Schinken
225 g Frühstücksspeck
1 Zwiebel
2 Knoblauchzehen
1 grüne Paprika
6 mittelgroße Tomaten
950 ml Wasser
1 Tl Worcestersauce
1 Tl schwarzer Pfeffer
1 Tl Salz
1 Tl scharfe Pfeffersauce
160 g grober Maisgrieß
(stone-ground grits)
230 g Cheddar-Käse

Zubereitung:

Die Räucherwurst in dünne Scheiben schneiden und den Käse grob reiben. Gekochten Schinken, Frühstücksspeck und Paprika in Würfel schneiden. Zwiebel und Knoblauch fein würfeln. Tomaten abbrühen, enthäuten und in kleine Stücke schneiden.

Eine große Pfanne auf mittlerer Stufe heiß werden lassen. Wurst, Schinken und Speck hineingeben und braten, bis alles gebräunt ist. Das Fleisch herausnehmen. Im restlichen Bratfett Paprika, Zwiebel, Knoblauch und Tomaten braten, bis alles weich ist. Das Wasser dazugeben, mit Worcestersauce, Pfeffer, Salz und Pfeffersauce würzen und zum Kochen bringen. Nach und nach den Maisgrieß einrühren. Abdecken und auf niedriger Stufe köcheln lassen, bis die Mischung dick geworden ist, etwa 5–10 Minuten. Zwischendrin immer wieder umrühren. Das Fleisch und den geriebenen Käse hinzufügen. Noch einmal durcherhitzen, bis der Käse geschmolzen ist.

„Grits" gelten in den Südstaaten als „comfort food", ein Wohlfühlessen. Ebenso wie Hominy (siehe Seite 140) wird der grobe Maisgrieß aus vorbehandelten Maiskörnern hergestellt.

Vergoldete Zeiten – per Eisenbahn zum Schlosshotel

Wer hat ganz Florida unter Eisenbahnschienen gelegt? Das war Henry! Wer hat die prachtvollsten Schlosshotels in die Landschaft gesetzt? Auch Henry! Und wer hat die Reichen und Schönen in das milde Winterklima gelockt, auf dass Generationen von Snowbirds ihnen folgen würden? Na, wer wohl – Henry natürlich!

Gut, dass es Henry zweimal gab; ein Mann allein hätte das gigantische Vorhaben wohl kaum stemmen können. Henry B. Plant und Henry M. Flagler, die beiden Eisenbahnmagnaten, haben unabhängig voneinander ihre ganz ähnlichen Visionen von der Zukunft der Halbinsel verwirklicht, der erste im Westen an der Golfküste, der zweite im Osten an der Atlantikküste.

Es waren die Jahre des „Gilded Age“, des „vergoldeten Zeitalters“. So nennen die Historiker die Zeit des großen Wirtschaftsbooms in den USA, der von den 1870er Jahren bis zum Beginn des 20. Jahrhundert andauerte. Die Industrialisierung im Norden führte zu einem enorm hohen Bedarf an Arbeitskräften, und die wiederum konnten mit entsprechend hohen Löhnen rechnen. Angelockt durch die Chancen, die der Boom versprach, strömten aus Europa Millionen von hoffnungsvollen Einwanderern ins Land. Die Epoche brachte Industriekapitäne hervor wie Cornelius Vanderbilt, Andrew Carnegie, Leland Stanford und John D. Rockefeller. Männer, die mit ihren Aktivitäten einen ungeheuren Reichtum erwirtschafteten und ihn selbstbewusst zur Schau stellten.

Doch die Zeiten waren keineswegs so golden, wie es auf den ersten Blick den Anschein hatte, sondern nur mit einer hauchdünnen Schicht vergoldet – „gilded". Die Bezeichnung „Gilded Age" stammte ursprünglich aus einem Roman von Mark Twain mit dem Titel *The Gilded Age: A Tale of Today*, der 1873 veröffentlicht wurde. Twain und sein Co-Autor Charles D. Warner zeigten darin, dass sich unter dem goldenen Glanz massive soziale Probleme verbargen, in Form von bitterer Armut und großem Elend in den Einwandererviertеln.

Der Motor der Industrialisierung war die Eisenbahn. Auch nachdem die Nation im Jahr 1869 die Fertigstellung der ersten durchgehenden Bahnverbindung von der Ostküste bis zur Westküste gefeiert hatte, wurde das Netz stetig erweitert. Damit konnten Menschen, Rohstoffe und Waren schnell und unkompliziert in alle Winkel des Landes gelangen. Florida jedoch lag noch im Dornröschenschlaf und wartete darauf, von den Prinzen des Gilded Age wachgeküsst zu werden.

Ein Palast wie aus dem Morgenland

Und damit kommen wir zu Henry Nr. 1. Wäre es nach dem Willen seiner Großmutter gegangen, hätte Henry B. Plant, Jahrgang 1819, Theologie studiert und sein Leben der Kirche gewidmet. Der unternehmungslustige junge Mann aber hatte wenig Neigung, sich in Vorlesungen zu langweilen, stattdessen heuerte er auf einem Dampfschiff an, das zwischen New York und New Haven, Connecticut, Passagiere und Fracht transportierte. Eine seiner Aufgaben war es, dafür zu sorgen, dass die Expresspakete möglichst schnell vom Absender bis zum Empfänger gelangten.

Dabei zeigte sich, dass er ein Händchen für die Logistik hatte. Ein paar Jahre lang sammelte er noch Erfahrungen bei einer Transportfirma an Land, dann gründete er sein eigenes Unternehmen, die Southern Express Company, die ihr Frachtgeschäft in den Südstaaten betrieb. Während des amerikanischen Bürgerkriegs, der von 1861 bis 1865 die Nation spaltete, setzte Plant sich für einige Zeit nach Europa ab, doch kaum war der Krieg vorbei, tauchte er wieder auf, um seine Geschäfte fortzuführen.

Die Verlierer des Konflikts, die konföderierten Südstaaten, lagen wirtschaftlich am Boden, und viele Betreiber der maroden oder ganz zerstörten Eisenbahnstrecken gingen bankrott. „Das ist die Chance", sagte Plant zu seinen Freunden, „denn es wird bald wieder aufwärts gehen, davon bin ich überzeugt." Und so kaufte er Ende der 1870er Jahre zwei Eisenbahngesellschaften auf, die im Zuge von Zwangsvollstreckungen gerade günstig zu bekommen waren. Dann ließ er die Strecken instand setzen und nahm sie wieder in Betrieb.

Das aber war erst der Anfang. In den achtziger Jahren des 19. Jahrhunderts legte er sich im Süden der USA ein ganzes Imperium aus Eisenbahnen und Dampfschiffen zu, genannt „Plant System". Dazu gehörte auch die South Florida Railroad, die das abgelegene Nest Tampa an das Eisenbahnnetz des Landes anschloss und den Orten an der Strecke somit ungeahnte wirtschaftliche Möglichkeiten verschaffte. Am 25. Januar 1884 lief der erste Personenzug unter lautem Schnaufen in die Endstation am Hafen von Tampa ein – ein Meilenstein in der Geschichte Floridas!

Um den Leuten einen Anreiz zu bieten, mit der Bahn zu reisen, kam Plant auf die Idee, in den landschaftlich schönsten Gegenden entlang der Bahnlinie Hotels zu bauen, standesgemäße Urlaubsresidenzen für die Rockefellers und Vanderbilts dieser Welt. Das erste seiner Luxus-Resorts, das Tampa Bay Hotel, öffnete 1891 seine frischgestrichenen Pforten. Der langgestreckte rote Backsteinbau war im Stil eines orientalischen Palastes erbaut worden, mit silberglänzenden Türmen, Kuppeln und Minaretten. Die 500 Zimmer des Hotels verfügten alle über Strom und Telefon, und die meisten wiesen zudem ein eigenes Bad auf – Annehmlichkeiten, die damals als großer Luxus galten.

Viele Jahre lang trafen sich die reichen Herrschaften des Gilded Age in den mit Antiquitäten und orientalischer Deko überreichlich ausgestatteten Räumen. Während man teuren französischen Rotwein trank, plauderte man über den nächsten großen Deal und knüpfte neue geschäftliche Beziehungen.

Im Mai 1898 aber fanden sich im Hotel Gäste ein, die Uniform trugen und über deutlich schwerwiegendere Themen sprachen.

Wenige Monate zuvor, am 15. Februar, wurde das US-Kriegsschiff *Maine* im Hafen von Havanna durch eine Explosion so schwer zerstört, dass es innerhalb von Minuten auf den Meeresgrund sank. Kuba war zu jener Zeit noch eine spanische Kolonie, und obwohl die Umstände nie geklärt werden konnten, stand für die Amerikaner schnell fest: Die Spanier müssen eine Seemine gelegt haben! Amerikanische Geschäftsleute verfolgten vielfältige Interessen auf der Insel, die Kolonialherren störten dabei nur, deshalb gab der Untergang der *Maine* den USA einen willkommenen Grund, Spanien den Krieg zu erklären. Die Intervention sollte Kuba dabei unterstützen, seine Unabhängigkeit zu erlangen.

Die Stadt Tampa, verkehrsgünstig gelegen mit Eisenbahnanschluss und Hafen, wurde als Stützpunkt für den Einsatz ausgewählt. Plants Luxusherberge diente als Hauptquartier für die Offiziere, und die genossen das elegante und komfortable

Ambiente sehr. Da saßen sie auf der schattigen Veranda, wiegten sich in Schaukelstühlen und diskutierten ganz entspannt über Angriff und Verteidigung. Doch viel zu schnell, nach zehn Wochen schon, war der Spanisch-Amerikanische Krieg vorbei. Nicht nur die Spanier mussten nach Hause fahren, sondern auch die amerikanischen Truppen und ihre Befehlshaber.

Das Tampa Bay Hotel sonnte sich in seinem neuen Ruhm und erlebte noch viele erfolgreiche Jahre. Während der Wirtschaftskrise in den 1930er Jahren aber blieben die reichen Gäste weg, und das Haus musste für immer schließen.

Inzwischen wird der Orient-Palast mit seinem großen Park von der University of Tampa genutzt, doch einen Teil der Räume hat man im alten Stil restauriert und in ein Museum für den Eisenbahnpionier umgewandelt. Und wer will, kann dort im Glanz vergangener Zeiten schwelgen.

Die römische Villa

„Jetzt wird's Zeit, dass auch von mir die Rede ist", würde Henry Nr. 2 nun energisch fordern. „Schließlich habe auch ich in Florida Großes geleistet."

Gemeinsam mit seinem Geschäftspartner John D. Rockefeller hatte Henry M. Flagler, geboren 1830, mit der Standard Oil Corporation und dem späteren Standard Oil Trust Millionen gescheffelt. Als Rockefeller einmal gefragt wurde, ob die Standard Oil das Resultat seines klugen Denkens sei, antwortete er, dies sei leider nicht der Fall, vielmehr sei Henry M. Flagler der schlaue Kopf der Firma. Und dieser Kopf begann in den 1880er Jahren, neue Ideen auszubrüten. Flagler entdeckte den Sunshine State und wusste gleich, wie man dessen Potenzial nutzen konnte. Nämlich mit dem gleichen Geschäftsmodell, das auch Kollege Plant verfolgte.

Flagler kaufte ein paar kleinere Eisenbahnlinien auf und fügte sie zur Florida East Coast Railway zusammen. Deren Schienennetz fraß sich von St. Augustine an der Atlantikküste entlang südwärts, durch Wildnis und Marschland bis nach Palm Beach. An der Strecke entstanden Flaglers Resorts für die High Society, angefangen vom Ponce de Leon Hotel in St. Augustine bis zum Royal Poinciana Hotel an der Lake-Worth-Lagune.

Die Nobelresidenz, zu jener Zeit der größte Hotelbau der Welt, erstreckte sich am Ufer der Lagune mit einer beeindruckenden Länge von mehr als 500 Metern. Die Flure mit ihren 1.100 Zimmern waren so weitläufig, dass die Hotelpagen die Briefe und Päckchen für die Gäste per Fahrrad auslieferten.

In den Wintermonaten traf sich die Creme der Gesellschaft in dem riesigen Bau, und weil das Hotel bisweilen ausgebucht war, eröffnete Flagler 1896 eine Dependance auf der vorgelagerten Strandinsel. Das Palm Beach Inn war kleiner und ruhiger, der Blick auf die Brandung des Atlantiks eine Wohltat für die Seele. Bei der Buchung äußerten viele Gäste nun den Wunsch, man möge ihnen ein Zimmer „down by the breakers" geben, unten bei den Wellen. Nach einer Erweiterung benannte Flagler das beliebte Hotel schließlich in „The Breakers" um.

Das Gebäude war ganz aus Holz errichtet, und so ist es kein Wunder, dass es im Laufe der Jahrzehnte zweimal komplett abbrannte. Das letzte Mal im März 1925, als die Gattin des Bürgermeisters von Chicago vergaß, ihren neuen elektrischen Lockenstab auszuschalten, bevor sie aufgebrezelt zum abendlichen Ball eilte.

Flagler war 1913 verstorben, doch seine Erben und Nachfolger handelten gewiss in seinem Sinne, als sie der Öffentlichkeit mittteilten, man wolle demnächst das schönste Resort-Hotel der Welt an dieser Stelle errichten. Schon im Dezember 1926 solle es eröffnet werden, rechtzeitig für die Wintersaison. Am Strand von Palm Beach entstand nun ein Traumpalast im Stil der italienischen Renaissance, nach dem Vorbild der Villa Medici in Rom. Kolonnen von 1.200 Bauleuten setzten rund um die Uhr Stein auf Stein, und am Schluss reisten aus Italien noch 70 erfahrene Freskenmaler an, um die gewölbten Decken der Lobby mit üppigen Bildern zu verzieren.

Mit so viel Pracht konnte das viktorianische Royal Poinciana nicht lange konkurrieren, und schon gar nicht während der Wirtschaftskrise. Im Jahr 1935 rollten die Abrissbagger auf das Gelände und verwandelten die einst so vornehme Herberge in Schutt und Schrott.

The Breakers jedoch hat bis heute alle Krisen überdauert. Und wartet nun darauf, von uns entdeckt zu werden. Als Übernachtungsgäste? Ach was, viel zu teuer. Wir wollen uns nur ein wenig umschauen. Nachdem wir das Auto Kilometer entfernt, dafür aber gebührenfrei an einer Seitenstraße am Golfplatz geparkt haben, wandern wir die langgestreckte, von Palmen gesäumte Auffahrt hinauf. Wo sonst nie jemand zu Fuß geht, abgesehen von den Gärtnern, die Hecken, Blumenbeete und Rasen pflegen.

Wir schlendern – nein, wir lustwandeln! – durch die Gänge des Hotels, unter Kronleuchtern und Deckengemälden entlang. Auf unserem Weg werfen wir einen Blick durch die bodentiefen Fenster nach draußen, wo wir einen Garten mit steinernen Treppen und Balustraden, Wasserbecken und imitierten antiken Statuen sehen. Bella Italia in Florida!

An diesem Tag findet in den Räumen des Hotels die Konferenz einer großen deutschen Bank statt. Die Teilnehmer sind standesgemäß in dunkle Hosen und Röcke gekleidet, komplett mit akkurat gebügelten weißen Hemden oder Blusen, der strahlenden Sonne zum Trotz. In der Mittagspause stehen die Banker draußen auf der Terrasse, die Augen verlangend auf den feinsandigen Strand und die herrlich schäumende Brandung gerichtet. Wie werden sie den Abend herbeiwünschen, wenn sie ihr formelles Outfit endlich gegen Badeanzug oder Badehose tauschen können!

Im hoteleigenen Café „News & Gourmet" holen wir uns Caffè Latte und Schokomuffins. Letztere werden uns aufwendig verpackt in einem hübschen weißen Karton mit Tragegriff ausgehändigt. Gleich nebenan, in einem lauschigen, von tropischen Pflanzen geschmückten Innenhof, lassen wir uns auf bequemen Gartensesseln nieder, schlürfen genüsslich unseren Kaffee und verfolgen das Kommen und Gehen der betuchten Hotelgäste. Ein Platz zum Träumen und Entspannen.

Vielleicht war es genau das, wonach sich die millionenschweren Wirtschaftsführer des vergoldeten Zeitalters sehnten: nach einem Kontrapunkt zu all ihren sachlichen Geschäftstätigkeiten. Und wer die völlig austauschbaren Vororte und die meilenweit ausgedehnten, geradezu schmerzhaft nüchternen Gewerbegebiete der amerikanischen Städte kennt, der wird die Schönheit der historischen Hotels auch heute noch zu würdigen wissen, Imitat hin oder her. Danke, Henry Nr. 1 und 2!

Strawberry-Lime Parfait – Erdbeer-Limetten-Parfait

Zutaten für 6 Desserts:

150 g frische Erdbeeren
3 El frischer Limettensaft
4 El Zucker
4 frische Eigelbe
3 El Puderzucker
2 El Gin
50 g Crème fraîche
200 g Sahne

Zum Garnieren:

6 große Erdbeeren
1 unbehandelte Limette
1 El Zucker
1 Zweig Minze

Zubereitung:

Limettensaft und Zucker in einem kleinen Topf unter Rühren zu Sirup einkochen und leicht abkühlen lassen. Die Erdbeeren waschen, abtropfen lassen und das Grün entfernen. Mit einem Pürierstab fein pürieren. Eigelbe und Puderzucker in eine Schüssel geben und mit dem Mixer schaumig schlagen. Das Erdbeerpüree vorsichtig unterrühren.

Limettensirup und Gin mit der Erdbeermasse verrühren. Crème fraîche und Sahne vermischen und unter die Erdbeer-Sirup-Masse heben. Parfaitmasse in eine Backform mit 6 Mulden einfüllen und ca. 2 ½ Stunden ins Gefrierfach stellen. Man kann auch eine kleine Kastenform verwenden und das Parfait später in Scheiben schneiden.

Zum Garnieren: Erdbeeren waschen, abtropfen lassen, vom Grün befreien und in Viertel schneiden. Von einer Limette 6 dünne Scheiben abschneiden, halbieren und in Zucker wälzen. Minzblätter grob hacken. Vor dem Servieren jedes Dessert mit 4 Erdbeerstückchen und 2 halben Limettenscheiben garnieren und mit Minze bestreuen.

Eine Kiste mit Orangenblüten – Julia Tuttle, „Mother of Miami"

Wenn die Architekten ihren Wolkenkratzern einen Sinn für Humor eingebaut hätten, sagen wir, irgendwo in der obersten Etage, dann würden sie sich jetzt über uns amüsieren: „Hey, guckt doch mal, da gehen zwei zu Fuß!"

„Sicher ein paar verrückte Touristen!"

Keiner der Bewohner, so er denn bei klarem Verstand ist, würde freiwillig in den Hochhausschluchten von Downtown Miami herumspazieren. Busse rattern, Bahnen bremsen mit lautem Quietschen, Klimaanlagen dröhnen, und auf den vielen Baustellen lärmen die Maschinen.

Auch wir begreifen endlich, dass diese Gegend zu unwirtlich ist für beschauliche Stadtspaziergänge, und laufen zur nächsten Bushaltestelle. Die sonst so nutzlose Wartezeit erweist sich als überraschend interessant, denn direkt auf der anderen Straßenseite ragt eines der neuesten architektonischen Highlights in den Himmel: „One Thousand Museum", gestaltet von der irakisch-britischen Stararchitektin Zaha Hadid. Der Name des 216 Meter hohen Gebäudes nimmt Bezug auf die Adresse 1000 Biscayne Boulevard und die Lage gegenüber dem Museumspark.

Ein strahlend weißes Außenskelett zieht sich in geschwungenen, fließenden Linien vor der Glasfassade in die Höhe und lässt das Hochhaus zwischen seinen konventioneller designten

Nachbarn als Exoten hervorstechen. „Der Skorpion-Turm“, so bezeichnete der Fernsehsender PBS das Gebäude, „eines der komplexesten Gebilde, das jemals den Sprung von einem Zeichenbrett in die Realität geschafft hat.“ Ein Wohnturm für die Superreichen: In den 62 Etagen sind 84 Domizile der Ultra-Luxusklasse untergebracht, davon vier mit dem Ausmaß kompletter Einfamilienhäuser sowie zehn Wohnungen, die sich jeweils über eine ganze Etage erstrecken, außerdem ein Pool, eine Bar und ein Wellnessbereich vom Feinsten.

Wir steigen in den Bus und entfernen uns von den Wolkenkratzern, deren glitzernde Ästhetik sich mit einigem Abstand deutlich besser würdigen lässt. Ein solches Panorama hätte sich Julia Tuttle, auch genannt „Mother of Miami“, nicht einmal im Traum vorstellen können, als sie Ende des 19. Jahrhunderts ihre Vision von einer Stadt an der Biscayne Bay entwickelte.

Sehnsucht nach dem sonnigen Süden

„Es mag dir seltsam erscheinen“, schrieb Julia Tuttle an eine Freundin, „aber es ist mein Lebenstraum, diese Wildnis hier in eine blühende, wohlhabende Region zu verwandeln.“

Sie war überzeugt davon, dass an der Mündung des Miami River in die Biscayne Bay eine Metropole entstehen würde, ein Zentrum für den Handel mit Südamerika, und setzte alles daran, ihren Traum Wirklichkeit werden zu lassen.

Julia stammte aus Cleveland, Ohio, im Nordosten der USA, wo sie 1848 geboren wurde. Ihr Leben verlief zunächst in vorhersehbaren Bahnen. Mit 19 Jahren heiratete sie Frederick Leonard Tuttle, den Besitzer einer Gießerei, und in den nachfolgenden Jahren brachte sie zwei Kinder zur Welt, Frances, genannt Fannie, und Henry.

Die erste Bekanntschaft mit dem Süden Floridas machte Julia 1875, als sie in Begleitung von Mann und Kindern ihre Eltern besuchte. Der Vater hatte in der Gegend des heutigen Miami 16 Hektar Land gekauft und bewirtschaftete einen Orangenhain. Üppiges Grün, sonniges Wetter und das lockende Meer in der Nähe – ob man nicht einfach hierbleiben könne, fragten die Kinder. Doch zu Hause wartete ein Alltag voller Pflichten, und so kehrte die Familie wieder nach Cleveland zurück.

Eines Tages aber passierte etwas, das Julias geordnetes Leben auf den Kopf stellte. Im Jahr 1886 starb Frederick Tuttle – was hatte er sich nur dabei gedacht, seine Familie so schlecht versorgt zurückzulassen? Das Geld reichte nicht einmal für das Nötigste, und Julia überlegte hin und her, wie sie das Familieneinkommen aufbessern könnte. „Ich habe eine Idee", sagte sie aufmunternd zu Fannie und Henry, „ich werde unser großes Haus in eine Pension für junge Ladies umwandeln."

Mit der für sie typischen Zielstrebigkeit führte Julia ihr Vorhaben aus. Gleichzeitig aber plagten sie noch andere Sorgen. „Fannie geht es nicht so gut, wie ich es mir wünschen würde", schrieb sie in einem Brief an ihren langjährigen Freund John D. Rockefeller, den Mitbegründer der Firma Standard Oil. „Ich denke, ein milderes Klima wäre hilfreich für ihre Gesundheit."

Mit Sehnsucht dachte sie an die Sonnenwärme der Halbinsel im Süden. Als 1890 der Vater starb und ihr sein Vermögen vererbte, sagte sie sich: Jetzt oder nie! Und bereitete alles für den Umzug an die Biscayne Bay vor.

Mit Kühen in die Wildnis

Die rissigen grauen Holzplanken am Ufer konnte man nur mit reichlich gutem Willen als Anlegestelle bezeichnen. Der alte Seemann, der den Frachtkahn steuerte, fluchte leise – schließlich waren zwei Damen an Bord – und vertäute sein Schiff an zwei Baumstümpfen. Julia sprang beherzt an Land, stemmte die Arme in die Seiten und schaute sich um. „Hier müssen wir erst einmal eine Schneise schlagen“, sagte sie entschieden und wies auf das Gewirr von Ranken, das einen Trampelpfad überwucherte, „sonst kommen die Kühe nicht durch.“

Mit ein paar Milchkühen und einer Schiffsladung voller Möbel und Hausrat begann sie, begleitet von ihren erwachsenen Kindern, ihr neues Leben in diesem zwar sonnigen, aber noch recht rauen Landstrich.

Aus der Pensionswirtin, die jeden Cent herumdrehen musste, war eine Herrin über ausgedehnte Ländereien geworden. Zum Landbesitz ihres Vaters hatte Julia zusätzlich 260 Hektar auf der Nordseite des Miami River hinzugekauft. Teil des Pakets waren die verlassenen Gebäude von Fort Dallas, eines Forts aus der Zeit der Seminolenkriege, und einer Plantage, wo noch 50 Jahre zuvor Sklaven geschuftet hatten, um Rohrzucker, Bananen, Mais und tropische Früchte anzubauen.

Mit Geld und Geschmack verwandelte Julia das stabile Steinhaus der Plantage in ein repräsentatives Domizil für sich und ihre Familie. Für das verbleibende Land entwickelte sie große Pläne: Eine komplett neue City sollte aus dem Boden wachsen, eine Stadt, deren Namen man in einem Atemzug mit Boston oder Philadelphia nennen würde. Statt ungezähmter Wildnis modern ausgestattete Wohnhäuser, umgeben von gepflegten Rasenflächen, Blumenbeeten und Schatten spendenden Bäumen. Überzeugt von ihrer Idee holte Julia auch ihre Nachbarn mit ins Boot, William und Mary Brickell, die ebenfalls über viel Land verfügten.

Zwar sprachen die Siedler von Wildnis, tatsächlich aber war das Land an der Mündung des Miami River bereits seit Jahrtausenden bewohnt. Zunächst von den indigenen Völkern, ab dem 16. Jahrhundert auch von missionsfreudigen spanischen Padres, und in der zweiten Hälfte des 19. Jahrhunderts von stolzen Plantagenbesitzern, die ein Heer von Schwarzen für sich arbeiten ließen, bis die Sklaverei 1865 abgeschafft wurde. Zu der Zeit, als Julia Tuttle sich hier niederließ, lebten in der Gegend ehemalige Sklaven und ihre Nachkommen, eine kleine Gruppe Ureinwohner, ein paar Farmer und ein bunter Haufen von Individualisten.

Eine äußerst hartnäckige Person

Mit der Beschaulichkeit des Landlebens im tiefen Süden sollte es bald vorbei sein. Wenn man Investoren und andere Geschäftsleute in die zukünftige Stadt locken wollte, so überlegte Julia, brauchte man einen Gleisanschluss und einen Bahnhof. Wer würde schon die umständliche Schiffsreise in Kauf nehmen wollen? Auch der nur wenige Meilen lange Miami River, der die Wassermassen aus den Everglades in die Bucht leitete, konnte kaum als Verkehrsverbindung dienen. Immerhin würde sich sein Mündungstrichter perfekt für Hafenanlagen eignen.

Entschlossen wandte sich Julia an den Eisenbahnmagnaten Henry B. Plant und ersuchte ihn, einen Schienenweg von Tampa bis an den Miami River zu verlegen. Plant ließ tatsächlich eine Machbarkeitsstudie durchführen, senkte aber dann den Daumen nach unten: Das Projekt sei unrentabel.

Julia ließ sich nicht entmutigen und schrieb einen Brief an den Großindustriellen Henry M. Flagler. Die Lokomotiven seiner Florida East Coast Railway dampften inzwischen bis nach Palm Beach an der Ostküste. Es sei doch sicher möglich, schrieb Julia in wohlgesetzten Worten, die Strecke bis an den Miami River zu verlängern.

„Was stellt sich diese Frau vor?“, brummte Flagler, als er den Brief las. „Soll ich meine Bahnschienen ins Nirgendwo verlegen? Für wen? Da unten im Dade County wohnen doch nur ein paar hundert Menschen.“ Er wies seinen Sekretär an, eine abschlägige Antwort an die Dame zu formulieren.

Hartnäckig schickte ihm Julia weitere Briefe, in denen sie die einmaligen Chancen der Investition hervorhob. Als das nichts nutzte, reiste sie nach St. Augustine, um mit Flagler persönlich zu sprechen. Doch genauso gut hätte sie mit einer Betonmauer reden können. „Dieser Mann ist so ein Dickschädel“, ärgerte sie sich. „Es sind doch nur 70 Meilen!“ Die Zukunft der Stadt, die noch nicht einmal erbaut war, sah düster aus.

Da kam Julia die Natur zu Hilfe. In den Jahren 1894 und 1895 suchten drei Frostperioden die Halbinsel heim, die selbst im mittleren Florida noch große Schäden anrichteten. Die eisige Kälte vernichtete Zitrusplantagen und die Ernte auf den Gemüsefeldern, die Farmer standen vor dem Ruin.

Julia aber lächelte, als sie die Nachricht in der Zeitung las. Sie packte ein Kistchen mit grünen Blättern und duftenden Blüten aus ihrem Orangenhain und schickte es per Express an Henry M. Flagler – so erzählt es jedenfalls die Legende. Flagler verstand die Botschaft: Schau her, im Süden Floridas geht es den Orangenbäumen prächtig!

Bisher hatte er gut daran verdient, dass die Farmer ihre Produkte per Eisenbahn zu den Märkten transportierten. Wenn diese Kundengruppe nun wegzufallen drohte, war es für ihn ratsam, seinen geschäftlichen Radius zu erweitern. Deshalb telegrafierte er zurück: „Madam, was schlagen Sie vor?“

Gemeinsam handelte man einen Deal aus. Um Flagler ihr Stadtprojekt schmackhaft zu machen, erklärte Julia sich bereit, ihm nicht nur 40 Hektar für ein Luxushotel und einen

Bahnhof zu überlassen, sondern auch die Hälfte ihres Besitzes auf der Nordseite des Miami River. William Brickell, der Nachbar, stellte einen Teil seines Landes südlich des Flusses zur Verfügung.

Die Verträge wurden unterzeichnet, und dann ging alles sehr schnell. Der erste Zug mit Personen-, Post- und Gepäckwagen fuhr am 13. April 1896 in den Bahnhof ein. Innerhalb weniger Wochen konnte bereits die erste Ausgabe einer Zeitung gedruckt werden, und die erste Bank, die Bank of Bay Biscayne, öffnete ihre Türen für die zukünftigen Kunden. Julia hatte eher die Grundbedürfnisse der Bevölkerung im Blick und nahm schon bald eine Bäckerei, eine Molkerei und eine Wäscherei in Betrieb.

Am 28. Juli wurde die Stadt offiziell aus der Taufe gehoben. Man benannte sie nach dem Miami River, abgeleitet von Mayaimi, „großes Wasser", dem alten Namen des Lake Okeechobee. Miami hatte zu diesem Zeitpunkt 300 Einwohner.

Im Jahr 2021, also 125 Jahre nach der Gründung, leben rund 480.000 Menschen in der Metropole, und es werden täglich mehr. Miami ist zudem das Herzstück eines dicht besiedelten Ballungsgebiets, das sich die Ostküste bis nach West Palm Beach hinaufzieht und mehr als 6 Millionen Einwohner zählt.

„Wir haben die drittgrößte Skyline der USA", sagen die Bewohner von Miami stolz, „mit mehr als 300 Wolkenkratzern!" Und mit Zaha Hadids elegantem Wohnturm als einem der neuesten Schmuckstücke, wäre noch hervorzuheben. Ob Hadid wusste, dass es eine Frau war, die Miami gegründet hat?

Der Name Brickell ist in Miami gegenwärtig, ja, man hat sogar ein ganzes Stadtviertel nach dem Pionier benannt. Und auch der Eisenbahnboss wurde mit der East und der West Flagler Street in der Stadt verewigt. Julia Tuttle dagegen muss man lange suchen. Dass die „Mother of Miami“ in Vergessenheit geriet, lag an ihrem frühen Tod, denn sie starb bereits 1898 und hatte somit keine Gelegenheit mehr, weiter Einfluss auf die Entwicklung ihrer Stadt zu nehmen.

Erst später erinnerte man sich wieder an sie. So trägt inzwischen der Damm nach Miami Beach, ein Abschnitt der Interstate 195, den Namen Julia Tuttle Causeway, und im Bayfront Park von Miami wurde 2010 eine Statue ihr zu Ehren errichtet. In der rechten Hand trägt die Figur einige Zweige mit Orangenblüten als Symbol für die Gründung der Stadt.

Wäre Julia Tuttle weniger hartnäckig gewesen, dann gäbe es heute am Miami River keine Meisterwerke der Baukunst zu bestaunen. „Ein Jammer!“, würden die Architektinnen und Architekten ausrufen. „Super!“, würden sich die Alligatoren freuen.

Florida Grouper with Citrus Salad – Zackenbarschfilet mit Zitrussalat

Zutaten für 4 Personen:

500 g Zackenbarschfilet
3 Orangen
2 Grapefruit
1 Tl Reisweinessig
½ Bund glatte Petersilie
1 Fenchelknolle
¼ Jicama
4 El Olivenöl
Meersalz
Frisch gemahlener Pfeffer

Zubereitung:

Fenchel putzen, halbieren und in feine Scheiben schneiden. Orangen und Grapefruit schälen und in Spalten teilen. Jicama schälen und in feine Sticks schneiden. Petersilie hacken. Gemüse und Früchte in eine Schüssel geben, 2 El Olivenöl, Reisweinessig, Petersilie sowie Pfeffer und Salz nach Geschmack hinzufügen und alles gut vermischen. In den Kühlschrank stellen.

Zackenbarschfilets mit Pfeffer und Salz einreiben. 2 El Olivenöl in einer großen Pfanne erhitzen und den Fisch darin braten, etwa drei Minuten auf jeder Seite. Mit dem gekühlten Zitrussalat servieren.

Zackenbarsch lässt sich durch Kabeljau, Heilbutt, Flunder oder ähnlichen Fisch ersetzen und die Wurzelknolle der mexikanischen Jicama (Yambohne) durch Rettich.

Bahnhof zum Mond – das Kennedy Space Center am Cape Canaveral

„Oh, mein Gott! Seht euch mal das Bild da drüben an! Hier geht die Erde auf. Wow, ist das schön!“ Schnell schießt Astronaut Bill Anders ein erstes Schwarzweißfoto.

Es ist der 24. Dezember 1968. Die Crew der Apollo 8, Frank Borman, Bill Anders und Jim Lovell, soll Fotos von der Mondoberfläche aufnehmen, so lautet ihr Auftrag. Doch dann geht über dem Horizont des Mondes, genau vor ihren Augen, die Erde auf. Das hat noch nie ein Mensch gesehen.

„Gib mir mal schnell einen Farbfilm, Jim!“, ruft Anders.

Lovell sucht hektisch, findet den Film, Anders legt ihn in die Kamera ein und fängt an, die Erde in Farbe aufzunehmen.

Das Bild der aufgehenden Erde, genannt „Earthrise“, sollte Kultstatus erlangen. Es gilt als eines der einflussreichsten Fotos, die jemals entstanden sind. Während der Mond durch seine Erkundung – öde, grau, nichts als Krater – seinen Zauber verlor, berührt die blaue Erdkugel, wie sie da einsam durch die schwarze Unendlichkeit schwebt, die Menschen mit ihrer unfassbaren Schönheit. Flauschig-weiß die Wolkenwirbel, die Ozeane in leuchtendem Blau, in Grün und Braun die Kontinente. Unsere Heimat im All.

Die Apollo 8 mit den drei Astronauten an Bord war drei Tage zuvor am Weltraumbahnhof von Cape Canaveral gestartet. An der Ostküste von Florida, etwa auf halbem Weg zwischen Jacksonville und Miami. Der Name des Kaps ist weltberühmt, doch gemeint ist meistens das Kennedy Space Center, das Raumfahrtzentrum, wo alle Raketenstarts der NASA stattfinden.

Cape Canaveral begann seine Raumfahrtkarriere zunächst als Testgelände für Raketenwaffen. Nach dem Zweiten Weltkrieg waren auf dem White Sands Proving Ground, mitten in der Wüste von New Mexico, Raketen getestet worden, unter Führung des deutschen Ingenieurs Wernher von Braun, der in Nazi-Deutschland die berüchtigte Vergeltungswaffe V2 entwickelt hatte. Als die Reichweite der immer raffinierter konstruierten Raketen zunahm, suchte die US-Regierung ein besser geeignetes Areal. Sie fand den idealen Standort in Florida, und im Oktober 1949 eröffnete Präsident Harry S. Truman das Testgelände, das heute den Namen Cape Canaveral Space Force Station trägt.

Die Nase, die Florida an dieser Stelle in den Atlantik hineinstreckt, liegt östlich von der Halbinsel Merritt Island und ist von dieser durch die Lagune des Banana River getrennt. Eine Traumlage am weiten Meer, ein ganzjährig günstiges Klima, keine Menschenseele weit und breit – bessere Bedingungen hätten sich die Raketenbauer nicht wünschen können. Falls beim Start mal etwas schiefging, würden die Raketenteile nur den hier lebenden Alligatoren auf die Schnauze fallen.

Dass Menschen auf dem Mond landeten, so etwas dachten sich in jener Zeit nur Science-Fiction-Autoren aus.

Ein großer Sprung für die Menschheit

Dann kam der Sputnik-Schock. Im Oktober 1957 gelang es der damaligen Sowjetunion, dem Erzfeind im Kalten Krieg, die erste Weltraumsonde ins All zu schießen: Sputnik 1. Die

Leute in den USA waren fassungslos: „Wie haben die Kommunisten das hingekriegt?" Jahrzehntelang hatte man das eigene politische und wirtschaftliche System für haushoch überlegen gehalten – und jetzt kam der Gegner mit einer solchen Glanzleistung daher!

Die USA reagierten, indem sie 1958 eine eigene Weltraumbehörde einrichteten, die NASA. Doch anfangs war es schwer, den Vorsprung der Sowjets aufzuholen. Die nämlich schickten am 12. April 1961 den ersten Menschen zu einer Erdumrundung ins All, den russischen Kosmonauten Juri Gagarin. Dass rund drei Wochen später Alan B. Shepard als erster Amerikaner in den Weltraum startete, wurde von der Weltöffentlichkeit schon mit weniger Staunen aufgenommen.

Nur Platz 2 im Weltraum, welch eine Schmach für die ganze Nation! Zumindest für die Leute, die gerade keine anderen Probleme hatten. Präsident John F. Kennedy musste sich dringend etwas einfallen lassen. Am 25. Mai 1961 trat er vor den Kongress und beschrieb den Abgeordneten seine unerhört kühne Vision: „Es ist meine Überzeugung, dass diese Nation sich dem Ziel verschreiben sollte, noch vor Ende des Jahrzehnts einen Mann auf dem Mond landen zu lassen und ihn wohlbehalten wieder zurück zur Erde zu bringen."

Derart herausgefordert, die Ehre der Nation wiederherzustellen, gab der Kongress für das künftige Apollo-Programm Milliarden von Dollar frei. „Think big!", lautete jetzt die Devise. An den Zeichentischen der NASA-Ingenieure entstand eine Rakete mit einer enormen Schubkraft und Größe: die Saturn V. Gegen dieses Feuermonster wirkten frühere Modelle wie Spielzeuge aus dem Kinderzimmer.

Weil die Kapazität von Cape Canaveral für den Start der riesigen Rakete bei weitem nicht ausreichte, erwarb die Regierung auf Merritt Island rund 570 Quadratkilometer Land, eine

Fläche viermal so groß wie das Stadtgebiet von Miami. Im November 1962 wurde der geruhsame Alltag der Alligatoren empfindlich gestört, als Bagger, Lkws und Bauarbeiter auf der Insel eintrafen, um das Launch Operations Center der NASA zu errichten.

Mit der Raumfahrtmission Apollo 11 wurde Kennedys Vision schließlich Wirklichkeit. Am 21. Juli 1969 genau um 03:56:20 Uhr mitteleuropäischer Zeit betrat Neil Armstrong als erster Mensch den Mond und sprach die legendären Worte: „Dies ist ein kleiner Schritt für einen Menschen, aber ein gewaltiger Sprung für die Menschheit." Kennedy jedoch durfte diesen Triumph nicht miterleben, er war am 22. November 1963 einem Attentat zum Opfer gefallen. Nach seinem Tod erhielt der Weltraumbahnhof am Cape Canaveral einen neuen Namen: John F. Kennedy Space Center.

Im Juni 2021 übernahm mit der Ingenieurin Janet Petro erstmals eine Frau die Leitung des Raumfahrtzentrums – auch ein großer Schritt für die Menschheit.

Reptilien und Raketen

„Schaut mal, im Wassergraben links von der Straße schwimmt ein Alligator!"

Alle Köpfe im Bus wenden sich nach links. Und bald darauf nach oben, als der Busfahrer und Tour-Guide ankündigt: „Und hier nisten unsere Weißkopfseeadler."

Das Adlernest im Astwerk einer Kiefer ist so groß wie eine Matratze, und wir erfahren, dass es seit mehr als fünfzig Jahren jedes Jahr von Adlern aufgesucht wird, die die geräumige Kinderstube für ihren Nachwuchs zu schätzen wissen. Jedes Paar fügt noch ein Ästchen hier und ein Zweiglein dort hinzu, aber im Großen und Ganzen ist das Haus bezugsfertig.

Wir nehmen an einer Bustour im Kennedy Space Center teil, sie führt weit hinein in das Gelände. Die technischen Anlagen des Raumfahrtzentrums befinden sich mitten in einem Naturschutzgebiet, dem Merritt Island Wildlife Refuge, brauchen aber vergleichsweise wenig Fläche, und so kann die Natur den Rest besetzen. Rund 500 Tierarten sind auf der Insel zu Hause. Am nördlichen Ende des Banana River, nicht weit von den Startrampen, grasen Seekühe, im Sommer kommen Tausende von Meeresschildkröten an Land, um am Strand ihre Eier abzulegen, und unzählige Vögel finden hier Rast- und Futterplätze.

Vor uns ragt nun das Vehicle Assembly Building auf, ein 160 Meter hohes Gebäude, das so massiv gebaut ist, dass es jedem Hurrikan widersteht. Oben rechts prangt das Logo der NASA, und links wurde die amerikanische Flagge aufgemalt, mit einer Länge von 64 Metern das größte Sternenbanner der Welt. Jeder Stern allein misst schon 1,80 Meter!

Die ungewöhnliche Werkshalle, die 1966 für die Mondrakete, die Saturn V, errichtet wurde, ermöglicht es, die Raketen vertikal aus ihren einzelnen Komponenten zusammenzusetzen. Wenn das Raumfahrzeug auf seiner mobilen Trägerplattform fertig montiert ist, wird es mit einem Raupentransporter zu einer der Startrampen gebracht, Launch Complex 39A oder 39B.

Nicht weit vom Vehicle Assembly Building befindet sich das Launch Control Center. Hier wird aus sicherer Entfernung die Rakete gestartet, mit dem berühmten Countdown, der mich regelmäßig in atemlose Spannung versetzt. Nach dem erfolgreichen Start übernehmen die Leute vom Raumfahrtzentrum in Houston, Texas, die weitere Kontrolle. Erinnern Sie sich noch an den Funkspruch von Apollo 13? „Houston, wir haben ein Problem!“

Und dann sehen wir sie endlich: die Mondrakete. Sie steht nicht draußen im Rocket Garden bei ihren kleineren Verwandten, sondern ist in einer eigenen Ruhmeshalle, dem Apollo/ Saturn V Center, untergebracht – horizontal, nicht aufrecht. Ein beeindruckendes Geschoss! Mit ihren drei Stufen misst die Rakete, die bis zu 133 Tonnen Nutzlast vom Erdboden bis zum Mond schleppen konnte, insgesamt 110,6 Meter. Dreizehn Mal war sie unterwegs, immer zuverlässig, nie kam es zu folgenschweren Pannen. Wenn sie in den Himmel startete, gab es jedes Mal einen so ohrenbetäubenden Lärm, dass in der 18 Kilometer entfernten Stadt Titusville zahlreiche Fensterscheiben zerbrachen. Wie mag es den Tieren auf Merritt Island bei diesem Krach ergangen sein?

Im Moon Rock Café gönnen wir uns eine kleine Erfrischung, dann geht es mit dem Bus wieder zurück zum Besucherzentrum. Hier ist das Space Shuttle der Star der Ausstellung. Draußen im Freien ist unübersehbar der riesige orangefarbene Treibstofftank aufgebaut, flankiert von zwei Antriebsraketen. Sie beförderten eine Raumfähre ins All, die auf ihrem Rückweg wie ein Flugzeug wieder auf der Erde landen konnte.

In den drei Jahrzehnten des Space-Shuttle Programms, von 1981 bis 2011, hob das Raumschiff zu 135 Missionen ab. Das bewährte Arbeitspferd der NASA transportierte Material und Menschen zu den Raumstationen Mir und ISS, und es kam zum Einsatz, wenn im All Satelliten zu reparieren oder wissenschaftliche Forschungen durchzuführen waren.

Die Erfolge wurden von zwei tödlichen Katastrophen überschattet. Im Januar 1986 verloren an Bord der Raumfähre Challenger sieben Astronauten ihr Leben, als 73 Sekunden nach dem Start der Tank explodierte. Danach ging viele Jahre alles gut, bis im Februar 2003 ein weiteres Unglück passierte: Beim Wiedereintritt in die Erdatmosphäre brach die Raumfähre Columbia auseinander, und wieder kamen sieben Menschen ums Leben. Auch die Opfer werden im Kennedy Space Center gewürdigt.

Wir betrachten Ausstellungsstücke, lesen Erklärungstafeln, schauen uns Filme zur Vergangenheit und Zukunft der Raumfahrt an, und dann sind wir kaum noch aufnahmefähig. Eine Familie mit drei Kindern verrät uns, dass sie sich für das komplette Programm zwei Tage Zeit nehmen, und obwohl schon später Nachmittag ist, machen die Kids noch immer einen putzmunteren Eindruck. Alle drei tragen Kappen mit dem NASA-Logo.

Inzwischen vermietet das Kennedy Space Center einen Teil seiner Startanlagen auch an kommerzielle Raumfahrtunternehmen. Weltraumtourismus ist angesagt, für die Superreichen, die schon alles erlebt haben, was kaufbar ist. Ticketpreis: mehrere Millionen Dollar. „Ein überteuertes Hobby von reichen, älteren Männern, die damit ihr eigenes Ego befriedigen wollen", so nannte es die ARD-Korrespondentin Katharina Wilhelm in ihrem Kommentar vom 21. Juli 2021. Interessiert in diesen Kreisen nicht, was CO2 und sonstige Abgase in der Atmosphäre anrichten?

Wir haben doch nur diese eine Erde. Sie kommt uns verletzlich vor in ihrer Schönheit, so von außen betrachtet. Tatsächlich aber sind wir es, die verletzlich sind. Sie wird es verkraften, wenn wir weiterhin ungebremst CO2 in die Atmosphäre entlassen. So wie sie auch die Klimaveränderungen der Vergangenheit weggesteckt hat und die unzähligen Vulkanausbrüche und Erdbeben. Aber für uns Menschen kann es eng werden.

Hush Puppies – frittierte Maisbällchen

Zutaten für 4 Personen:

130 g Maismehl
30 g Mehl
1 ½ Tl Backpulver
½ Tl Salz
1 großes Ei
180 ml Milch
1 kleine Zwiebel
Erdnussöl zum Frittieren

Zubereitung:

In einer großen Backschüssel Maismehl, Mehl, Backpulver und Salz vermischen. Das Ei und die Milch unterrühren. Die Zwiebel in feine Würfel schneiden und ebenfalls unterrühren.

In einer großen Pfanne reichlich Öl auf 185°C erhitzen. Den Teig esslöffelweise in das Öl geben und von beiden Seiten goldbraun braten, etwa 2–3 Minuten. Auf Küchenpapier abtropfen lassen. Noch heiß servieren.

Die Hush Puppies sind eine köstliche und im Süden typische Beilage zu gebratenem Fisch. Dabei bedeutet „Hush Puppies" nichts anderes als „Seid still, ihr Welpen!" Wobei mit „puppies" auch einfach Hunde gemeint sein können. Eine (von vielen) Legenden erklärt, wie aus dem Ausruf eine Bezeichnung für frittierte Maisbällchen wurde:

Ein paar Männer gingen zusammen auf Angeltour, und wie immer wurden sie dabei von ihren Hunden begleitet. Als abends am Feuer die frisch gefangenen Fische gebraten wurden, stieg den Hunden der herrliche Duft in die Nase, und sie begannen zu heulen und zu jaulen. Da legten die Männer schnell ein paar Klumpen Teig aus Maismehl in das Bratfett, warfen die fertigen Maisbällchen den Hunden zu und riefen: „Hush, puppies!"

Männer beim Dominospiel – Kubaner in Miami

Klack-klack, mit diesem typischen Geräusch stoßen die Dominosteine beim Mischen aneinander. Von flinken Händen werden sie verteilt, und schon beginnt die Schlange der gepunkteten Rechtecke zu wachsen. Zieht sich über den ganzen Tisch – und da, ein Team hat gewonnen! Zufriedenheit malt sich auf den Gesichtern ab. „Revanche!", ruft das Verliererteam, und schon beginnt mit Klack-klack eine neue Runde.

„Wir Kubaner sind süchtig nach dem Domino-Spiel", sagt Ernesto, ein älterer Herr mit dunkelblauem Polohemd und roter Baseballkappe. „Und wenn wir einmal nicht mitspielen, dann schauen wir den anderen beim Spiel zu." Und genau das tut er gerade. Kritisch richtet er seine dunkelbraunen Augen auf den quadratischen Tisch, an dem vier Männer sitzen und ihre Steine legen. Als eine Doppelsechs erscheint, ziehen sich seine dichten Brauen kurz zusammen. War das jetzt ein unkluger Zug? Oder hält er zum gegnerischen Team?

Wir sind in Little Havana, einem Stadtteil von Miami, und wie der Name schon erraten lässt, wohnen hier überwiegend Menschen kubanischer Herkunft. Die älteren von ihnen verbringen ihre Zeit gerne im Maximo Gomez Park. Das ist zumindest der offizielle Name, tatsächlich nennen die Leute ihn Domino-Park. Er ist das kulturelle und soziale Zentrum der Kubaner, wo Freunde, Verwandte und Nachbarn sich zwanglos treffen, Neuigkeiten austauschen und miteinander plaudern, lachen und diskutieren. Man raucht Zigarre, trinkt kubanischen Kaffee und vor allem: Man schiebt die geliebten Dominosteine über den Tisch. Eine von Männern dominierte Aktivität, doch immerhin entdecke ich auch eine Frau an einem der Tische.

Bisher hatte ich geglaubt, Domino sei nicht mehr als ein Kinderspiel, doch hier scheint es ein Zeitvertreib vor allem für Rentner zu sein. Und offenbar eine ernstzunehmende Angelegenheit – erst später erfahre ich, dass im Domino sogar Wettkämpfe mit Preisgeldern ausgetragen werden.

„Ist nicht so einfach, wie es aussieht", ruft Ernesto, als hätte er meine Gedanken erraten. „Die Strategie ist entscheidend!" Domino sei das Nationalspiel der Kubaner, erzählt er. Man spiele meist in zwei Teams von je zwei Spielern, und zwar bevorzugt mit dem Set der Doppelneun, der Variante, bei der die Steine auf einer Seite bis zu neun Punkte haben können.

„Ich stamme aus Kuba" oder „Meine Vorfahren sind aus Kuba eingewandert", solche Aussagen hört man in Miami häufig. Die Metropole ist die zweitgrößte kubanische Stadt – nach Havanna. Ein Witz kursiert, in dem es heißt: „Die Kubaner lieben Miami, weil die Stadt so nah an den Vereinigten Staaten liegt."

Von den Einwohnern im Großraum Miami sind etwa 1,2 Millionen kubanischer Herkunft. Und auch, wenn die meisten von ihnen sich längst in die amerikanische Gesellschaft integriert haben, so legen sie doch Wert darauf, ihre Kultur zu bewahren. Sie sprechen spanisch untereinander, besuchen sonntags die katholische Messe, kochen nach den Rezepten ihrer Großmütter und tanzen zu kubanischen Rhythmen. Oder genießen ihr Rentnerleben beim Dominospiel im Park.

Flucht mit unerwünschten Passagieren

In den Vereinigten Staaten leben rund zwei Millionen „Cuban Americans“, eine Bezeichnung, die sowohl die Migranten als auch ihre Nachfahren umfasst. Nach dem „Cuban Adjustment Act” von 1966 kann jeder kubanische Migrant in den USA politisches Asyl beantragen und nach zwölf Monaten einen dauerhaften Aufenthaltsstatus erlangen. Dieses Gesetz gilt im Prinzip heute noch, doch ganz so großzügig wie früher sind die USA nicht mehr, und man hat inzwischen einige Einschränkungen hinzugefügt. Illegale Einwanderer werden zurückgewiesen, ob sie nun aus Kuba stammen oder einem x-beliebigen anderen Land.

Die Migration von der Karibikinsel in Richtung Florida hat eine lange Geschichte. Nachdem die Kubaner im Jahr 1898 ihre Unabhängigkeit von den spanischen Kolonialherren errungen hatten, folgten unruhige politische Zeiten mit wechselnden Machthabern. Viele Bewohner, die mit den Verhältnissen nicht einverstanden waren, wanderten nach Florida aus. Die meisten ließen sich im Süden der Halbinsel nieder, nahe genug, um die Verwandten in der alten Heimat häufig besuchen zu können.

Vor der kubanischen Revolution von 1959 lebten gerade einmal 10.000 Kubaner in Miami. Als aber Fidel Castro das Amt des Regierungschefs übernahm und begann, Wirtschaft und Staat nach sozialistischen Prinzipien umzubauen, da packten die von Enteignung bedrohten Großgrundbesitzer und Geschäftsleute ihre Koffer. Fluchtartig strömten sie in die Häfen und reisten ins Land der unbegrenzten Möglichkeiten aus. Wie praktisch, dass es direkt vor der Haustür lag! Und dass dort bereits kubanische Communities bestanden, die den Neuankömmlingen Starthilfe geben konnten.

Damit diese Vorgänge sich nicht wiederholten, erließ Fidel Castro restriktive Gesetze, die es seinen Landsleuten so gut wie unmöglich machten, das sozialistische Paradies zu verlassen. Ausreiseanträge wurden äußerst selten genehmigt, und wer die Flucht wagte und das Pech hatte, erwischt zu werden, musste mit einer mehrjährigen Haftstraße rechnen.

Der wachsende Unmut in der Bevölkerung, die sehr wohl wusste, wie prächtig es ihren Verwandten im gelobten Land ging, mündete 1980 in einen Massenexodus, und der begann mit einem spektakulären Auftakt: Am 1. April kaperten sechs Kubaner in Havanna einen Bus und steuerten ihn krachend durch die eiserne Umzäunung auf das Gelände der peruanischen Botschaft. Die Lücke im Zaun klaffte einladend – und Tausende von Menschen ergriffen die Chance. Frustriert von Mangelwirtschaft und fehlender Perspektive stürmten innerhalb weniger Tage 10.000 Kubaner die Botschaft und forderten Asyl.

Schon bald wurden die Zustände auf dem Gelände unhaltbar. Tagsüber brannte die Sonne, nur unterbrochen von heftigen Regenfällen, die den Boden unter den Füßen der vielen Menschen in einen Morast verwandelten. Nachts wurde es empfindlich kalt, und es gab kaum Platz zum Schlafen. Die Kinder weinten vor Hunger, und die hygienischen Verhältnisse – nun ja, man kann es sich vorstellen.

Castro begriff, dass die Unzufriedenheit, die überall im Land gärte, ein Ventil brauchte. Am 20. April kündigte er an, dass alle Kubaner, die die Insel verlassen wollten, dies tun könnten. Am Mariel Harbour, einem Hafen nicht weit von Havanna, sollten sie sich per Boot von ihren amerikanischen Verwandten abholen lassen. Damit gab er den Startschuss zu einer Ausreisewelle, die als „Mariel Boatlift" in die Geschichte eingehen sollte.

In den USA, vor allem aber in Florida, machten sich nun Tausende von Booten auf den Weg, Fischkutter, Yachten, Frachtschiffe, Segelboote, was auch immer seetüchtig genug war, um die Straits of Florida in Richtung Kuba zu überqueren. In Mariel wartete auf die Schiffsführer eine unangenehme Überraschung. Castro, das Schlitzohr, stellte noch eine Bedingung: Jedes Boot sollte zusätzlich mit Passagieren besetzt werden, die er selber bestimmte – Quertreiber, Kriminelle, psychisch Kranke, Homosexuelle, kurz, all diejenigen, die er gerne loswerden wollte. „Der unerwünschte Abschaum", so nannte er sie verächtlich. Und freute sich, dass er dem übermächtigen kapitalistischen Nachbarn einen Streich spielen konnte.

In den darauffolgenden Monaten gingen mehr als 125.000 Kubaner in Florida an Land. Erst im Oktober 1980 wurde der Mariel Boatlift durch ein beiderseitiges Abkommen zwischen den Regierungen Kubas und der USA beendet.

Der Drang der Menschen nach Freiheit ließ sich damit nicht unterdrücken, und so sollten in den darauffolgenden Jahren weitere Flucht- und Auswanderungswellen folgen.

Café Cubano in Little Havana

Der Ansturm der Kubaner bedeutete eine enorme Herausforderung für die Behörden und Sozialdienste im Süden Floridas. Im Großraum Miami ließ man eilig Zeltstädte errichten, um die Einwanderer unterzubringen und zu registrieren. In der Stadt ging die Angst um. „Die Flüchtlinge werden uns Amerikaner alle aus Miami verdrängen!", hieß es, und auf den Autos tauchten Aufkleber auf mit den Worten: „Der letzte Amerikaner, der Miami verlässt, möge bitte die Flagge mitbringen!"

Dass sich an Bord der überladenen Boote auch Kriminelle aus kubanischen Gefängnissen befanden, sorgte für dicke Schlagzeilen – und für Vorurteile, die sofort pauschal auf sämtliche Marielitos, wie man die Neuankömmlinge nannte, angewandt wurden. „Sie sind alle kriminell!", sagten die Leute überzeugt und trauten sich bei Dunkelheit kaum noch auf die Straße. Tatsächlich war der Anteil überführter Gesetzesbrecher im Verhältnis zur Gesamtzahl der Einwanderer verschwindend gering.

Auch damals schon lebten in Miami viele Menschen unterschiedlicher Herkunft mit- und nebeneinander, weiße Amerikaner, Afro-Amerikaner und Hispanics, die Einwanderer aus Mittel- und Südamerika. Durch den Mariel Boatlift gewann die Kultur der Kubaner erheblich an Einfluss, und gleichzeitig wurde die Bevölkerungsgruppe selbst bunter und diverser.

Zu den Kubanern der ersten großen Einwanderungswelle nach 1959 gehörten vorwiegend Geschäftsleute, die zweisprachig waren, über eine gute Bildung verfügten und ein Netzwerk geschäftlicher Beziehungen nutzen konnten. Diese Elite trug maßgeblich dazu bei, dass sich Miami zu einer Drehscheibe des Handels zwischen Nord- und Südamerika entwickelte.

Die neuen Einwanderer hingegen waren im Schnitt jünger, hatten eine dunklere Hautfarbe und besaßen nur geringe finanzielle Mittel. Da sie kaum englisch sprachen und ihre beruflichen Kenntnisse in der neuen Heimat wenig wert waren, mussten sie in Miami wieder von vorne anfangen. Doch die Community hielt zusammen. Kubanische Unternehmen stellten vorwiegend Arbeitskräfte gleicher Herkunft ein, und man unterstützte einander, wo es eben ging, ob mit Geld, Hilfe im Alltag oder neuen Chancen.

In Little Havana fanden viele Marielitos ein neues Zuhause. Doch ihre Heimatinsel haben sie nie vergessen – wie sollten sie auch, da doch jeder Nachbar, jede Kollegin eine Einwanderergeschichte zu erzählen hat? Die Herkunft ist ein wichtiger Teil ihrer Identität.

„La patria es agonia y deber“ (die Heimat ist Qual und Pflicht), diese Worte lesen wir auf einer mächtigen Steinplatte, auf der die Umrisse der Insel abgebildet sind. Es ist ein Zitat des kubanischen Nationaldichters und Revolutionärs José Martí. Der Gedenkstein befindet sich auf dem Cuban Memorial Boulevard, wo außerdem mehrere Denkmäler an die kubanischen Freiheitskämpfer erinnern.

Wir bummeln die Calle Ocho entlang, die 8. Straße, Herz und Lebensader des lebendigen Viertels mit seinen buntbemalten Hauswänden. Von einem Fahnenmast flattert die kubanische Flagge, und es duftet ganz wunderbar nach Kaffee. Sind wir wirklich noch in Miami oder schon in Kuba?

Wir schlendern an kubanischen Geschäften, Cafés und Restaurants vorbei – und treffen gleich einen alten Bekannten, den Hahn, Symboltier der Karibik, wie wir ihn schon aus Key West kennen. Hier begegnet er uns in Form farbenprächtiger, überdimensionaler Skulpturen. Zwischendrin trinken wir eine Tasse Café Cubano, der so extrem süß ist, dass mir fast schwindelig wird, aber egal, so schnell komme ich nie wieder nach Kuba.

Zum Lunch holen wir uns in einem kleinen Lokal ein Cuban Sandwich, wobei es mir sogar gelingt, der spanisch sprechenden Bedienung klarzumachen, dass ich mein Sandwich ohne Fleisch, nur mit Käse haben möchte. Ist vielleicht nicht mehr echt kubanisch, schmeckt aber trotzdem.

Auf der anderen Straßenseite lockt das passende Dessert, und zwar bei der Azucar Ice Cream Company, einer Location, die schon deshalb unwiderstehlich ist, weil die Fassade zum Anbeißen lecker aussieht: Sie wird von einer riesigen Eiswaffel geschmückt, einem wahren Kunstwerk mit fünf knallbunten Eiskugeln in 3D. Ich bestelle eine exotische Kreation mit den Geschmacksrichtungen Passionsfrucht, Kokosnuss und Mamey Sapote.

Am Abend gehen wir in eine Bar und trinken – na, was wohl – einen Mojito, den typisch kubanischen Cocktail aus weißem Rum, Limettensaft, Minze, Rohrzucker und Sodawasser. Und als hätten wir es bestellt, nimmt eine Band Aufstellung und beginnt „Guantanamera" zu spielen, das wohl bekannteste Lied Kubas. Der patriotische Song verwendet Verse aus einem Gedicht von José Martí.

„Guantanamera" bedeutet so viel wie „Frau aus Guantánamo". Mit dieser Ortsbezeichnung verbinde ich in erster Linie das berüchtigte Gefangenenlager auf dem US-Militärstützpunkt an der Guantánamo Bay. Aber dort, im Südosten Kubas, gibt es auch eine große Stadt mit diesem Namen.

Der Mann vorne an der Gitarre kommt mir bekannt vor. Das ist doch Ernesto, der Dominospieler! Offenbar ist er ein Mann vieler Talente. Mit schmelzender Stimme singt er die erste Strophe: „Yo soy un hombre sincero …" Und dann wieder den Refrain: „Guantanamera, guajira Guantanamera …"

Ach, Miami, was wärest du ohne deine Kubaner!

The Real Mojito – der echte Mojito

Zutaten für 1 Cocktail:

10 frische Pfefferminz-blätter
½ unbehandelte Limette
2 El weißer Rohrzucker
10 Eiswürfel
45 ml weißer kubanischer Rum
120 ml Club-Soda

Zubereitung:

Halbe Limette in 4 Spalten schneiden. Minzblätter und eine Limettenspalte in ein hohes, dickwandiges Glas geben und etwas zerdrücken, idealerweise mit einem Barstößel, um den Geschmack von Minze und Limette freizusetzen. 2 weitere Limettenspalten und den Zucker hinzufügen und ebenfalls etwas zerdrücken. Das Glas mit Eiswürfeln füllen. Den Rum über die Eiswürfel gießen und das Glas mit Club-Soda auffüllen. Umrühren und mit der verbleibenden Limettenspalte garnieren.

Torticas de Morón – kubanische Butterkekse

Zutaten für 24 Cookies:

240 g Bio-Weizenmehl, Typ 550
110 g weiche Butter
110 g Kokosöl
100 g brauner Zucker
2 große Eier
1 Tl Backpulver
1 unbehandelte Limette
Weißer Zucker zum Bestreuen

Zubereitung:

Butter, Kokosöl und braunen Zucker mit dem Mixer zu einer cremigen Masse verrühren. Eier trennen und die Eigelbe unterrühren, das Eiweiß beiseitestellen. Das Mehl mit Backpulver vermischt hinzufügen. Die Schale der Limette abreiben und den Saft auspressen. 1 Tl Limettenschale und 2 Tl Saft hinzufügen. Alles zu einem festen Teig verkneten und zu zwei gleich großen Rollen formen (Durchmesser ca. 5 cm). In Frischhaltefolie wickeln und für 2 Stunden in den Kühlschrank stellen.

Den Backofen auf 180°C vorheizen und zwei Backbleche mit Backpapier auslegen. Jede Teigrolle in zwölf dicke Scheiben schneiden und auf ein Backblech legen. Die Cookies mit Eiweiß einpinseln und mit Zucker bestreuen, dann backen, bis sie an den Rändern leicht braun werden, etwa 15 bis 20 Minuten.

Das Rezept stammt ursprünglich aus der Stadt Marón auf Kuba. Die Butterkekse werden in vielen kubanischen Bäckereien in Miami und Miami Beach verkauft.

Das letzte Wort

Liebe Leserin, lieber Leser,

ich hoffe, ich konnte Ihre Neugier wecken, auf den wunderbaren Sunshine State, der nicht nur mit Sonne und Wärme punkten kann, sondern auch mit seiner traumhaft schönen Natur und einer ganz besonderen Kultur. Und wenn Sie Florida bereits kennen, dann hat es Ihnen vielleicht Spaß gemacht, beim Lesen noch einmal mit mir zu reisen und unterwegs viel Neues zu entdecken.

Gerne dürfen Sie mir schreiben und mir Ihre Gedanken und Kommentare zu diesem Buch mitteilen. Schicken Sie einfach eine Mail an: info@ghexamer.de

Schauen Sie auch auf meine Website **www.ghexamer.de**, dort finden Sie viele Fotos von Florida und Hinweise auf meine weiteren Bücher.

Immer eine gute Reise wünscht Ihnen

Ihre Gunhild Hexamer

Danksagung

Dank an Peter Schieche, meinen Lebens- und Reisebegleiter: Es ist wunderbar, all die Reiseerlebnisse mit dir zu teilen! Ich danke dir, dass du mir unterwegs so viel der lästigen Organisation abnimmst. Und dass du jedes Kapitel mit viel Sorgfalt Korrektur liest, weiß ich immer sehr zu schätzen.

Mein Dank geht auch an die vielen freundlichen Menschen in Florida, die uns interessante Tipps gaben und sich Zeit für Gespräche mit uns genommen haben, ob in Parks oder Museen, Cafés oder Touristeninformationen.

Mein besonderer Dank gilt meiner langjährigen Freundin Almut Irmscher. Ohne dich gäbe es meine Reisebücher nicht! Ich habe viel von dir gelernt, und deine Korrekturen und kritischen Kommentare sind für mich sehr wertvoll.

Almut ist selbst Autorin und hat bereits viele wunderschöne Reisebücher verfasst, die ich Ihnen sehr empfehlen kann. Sie finden alle Informationen dazu auf der Website www.almutirmscher.de.

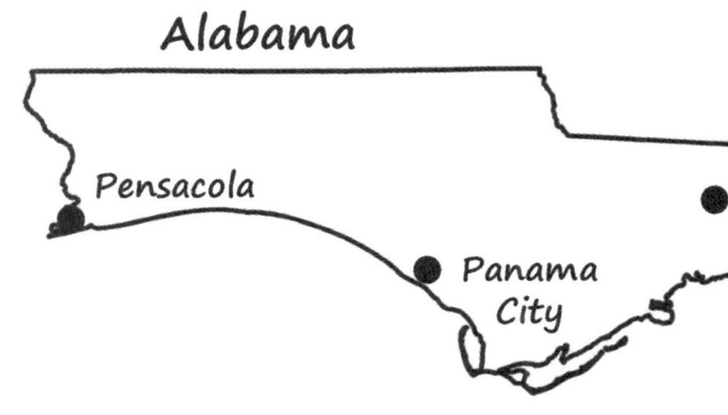

Gulf of Mexico

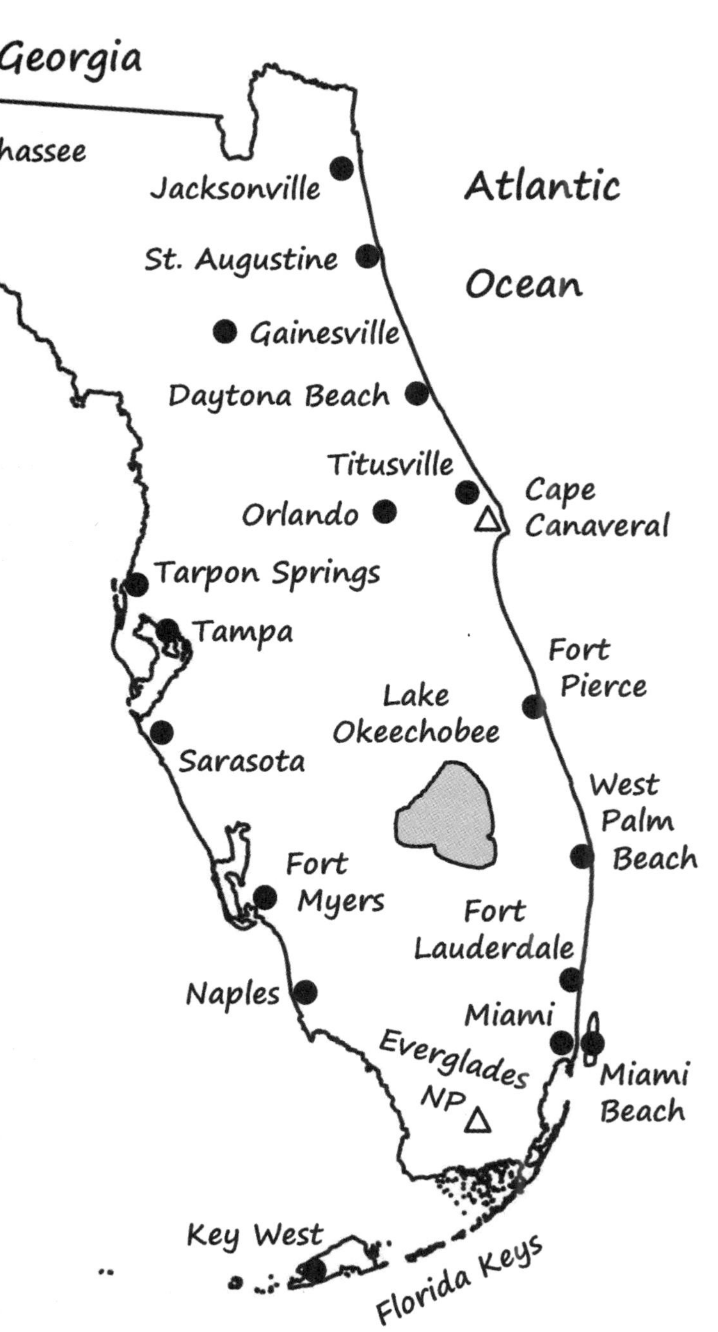
Georgia
ahassee
Jacksonville
Atlantic
St. Augustine
Ocean
Gainesville
Daytona Beach
Titusville
Cape
Canaveral
Orlando
Tarpon Springs
Tampa
Fort
Pierce
Lake
Okeechobee
Sarasota
West
Palm
Beach
Fort
Myers
Fort
Lauderdale
Naples
Miami
Everglades
NP
Miami
Beach
Key West
Florida Keys

„Miami Mountain",
U. Rondinone, Miami Beach

„Obstinate Lighthouse",
T. Rehberger, Miami Beach

Art Deco District, Miami Beach

Design District, Miami

Dominospieler in Little Havana, Miami

Ca’ d’Zan, Sarasota

Tampa

Kennedy Space Center

Iguana

Key Limes